CASUAL COORDINATE BOOK

毎日たのしい

大人のカジュアルコーデ見本帖

須藤理可（canaria）

books.MdN.co.jp
MdN
エムディエヌコーポレーション

INTRODUCTION
―はじめに―

はじめまして、須藤理可と申します。私はアクセサリーデザイナーとして活動しながら、インスタグラムやブログ等では「カナリア」という名で日々のコーデを発信しています。

この本は、カジュアルファッションが好きな大人のためのコーディネート集です。私自身、年齢と共に好きなファッションは移り変わり、おしゃれ迷子になったこともあります。失敗もたくさんしました。一方で、10年以上変わらず大事にしている、「偏愛アイテム」もたくさんあります。

そんなふうに、年齢と共に「好き」が変わったり、変わらなかったりしながらたどり着いた今の私が好きなファッションは、カジュアルに少しの「甘さ」を加えた「甘めカジュアル」。年齢を理由に甘さを諦めるのではなく、甘さの加減を調整しながら、今も取り入れて楽しんでいます。

そして、50代に入った今、私は他の誰でもなく、自分自身のためにおしゃれをすることが何より楽しく、日々の彩りにつながっています。

自分の「好き」に正直に、50代でも楽しんでいる私なりの工夫をみなさんと共有できればうれしいです。

CASUAL COORDINATE BOOK

CONTENTS

CHAPTER 4

STAFF
デザイン／菅谷真理子（マルサンカク）
撮影／黒川ひろみ
ヘアメイク／村田真弓
編集制作／柿沼曜子
編集長／山口康夫
企画編集／見上 愛

GU、ユニクロ、無印良品、ZARA…。プチプラアイテムも存分に活用!

20代の頃の私は、きれいめやコンサバ系が中心。カジュアルコーデに目覚めたのは30歳を少し過ぎた頃でした。

30代、40代をカジュアルと共に過ごし、それは今もなお健在。自分なりに「自分らしいカジュアル」を探しながら少しずつ変化もして今に至っています。

そんな中、私のカジュアルコーデに増えてきたのが、GUやユニクロ、無印良品、ZARAなど、いわゆるファストファッションのアイテムです。もちろん手頃な価格はうれしいポイント。でも、私がこれらを好きな理由は価格だけではありません。こういったブランドにはベーシックで着まわししやすいものが豊富。それでいて色、サイズ展開も幅広い。さらに言えば、形も着心地もディテールも考え抜かれた優秀なものも多いのです。

カジュアルコーデを長年続けるなかで思うのは、やっぱり年代によってアップデートが必要ということ。20代の頃と50代の今では自分にしっくりくる形や、サイズも少しずつ変化をしています。だから、豊富なサイズや色展開があり、商品のバリエーションも多いこういったブランドは心強いです。プチプラを避けてしまう方もいるかと思いますが、うまく活用すればコーデの幅が広がるし、今の自分に合ったものや、「使える！」という便利なアイテムが意外と見つかります。

だからといって、これらのブランドだけにこだわっているわけではありません。ブランドや値段にこだわらない。本当に着たいもの、着心地がいいもの、自分に合うものを着るのが私のモットー。だからファストファッションもセレクトショップも雑貨屋さんも……。さまざまなショップに足を運んでいます。

年齢でNGなんてない。自分が好きな服を着るのがマイルール

前のページでもお伝えしたように、20代の頃と今とでは自分にしっくりくるデザインやサイズなどが変わってきました。でもそれは似合う、似合わないというよりも、自分自身の「好き」の基準が変わってきたのだと思います。丈の短いスカートもフリルがたくさんついたブラウスも昔は好きでした。でも今はどうも自分好みじゃない……。そういったものは着ても落ち着かないし、気分も上がらない。だから、無理に着ることはしません。

それと同時に、「好きなのに、着ない」をしないのも私のルールです。「大人にピンクは似合わない」とか「50代にスニーカーは向かない」とか……。そういったなんとなくの固定観念で、自分の着る服を狭めている方もいるかもしれません。もちろん自分の好みと合致しているならいいのですが、本当は着たい色やアイテムを、年齢を理由に遠ざけてしまうのはさみしいと思うのです。だっ

て、色もデザインもアイテムも「年齢でNG」なんて決まりはないですし、どんなブランドにも年齢制限などないと思っています。

私がおしゃれを楽しむうえで大事にしているのは、「自分の好きに素直に従うこと」です。「若づくりと、思われていない？」「この年齢で派手とか、思われていない？」なんて、少々人の目を気にしたことも正直ありました。でも、実際のところ人ってそんな他人を気にしていない（笑）。だから、人の目とか人が思う「似合う、似合わない」よりも、自分が好きかどうか。自分が着ていて心地いいかどうかのほうが、よっぽど大事だと思います。「自分が好きなものを着る」。それが、おしゃれを楽しむいちばんのコツだと思います。

大人カジュアルを楽しむためのの

私の3ルール

My Rule

01 ― コーデのどこかに必ず甘さを加える

P 16～詳しくお伝えしていきますが、私がコーデをするうえで大事にしていることは「甘さ」。その加減のふり幅は大きいのですが、ディテール、素材、デザインなどで甘さを加えることで自分好みのカジュアルにしています。

My Rule

02 ― 人の目よりも自分が着たいかどうかを大事に！

おしゃれを楽しむうえで、いちばん大事にしているのは「自分が好きなもの」を着ること。もちろんＴＰＯは守りますが、年齢や人目に縛られることなく、自分が着たいデザイン、着たい色を着ることが私のポリシーです。

My Rule

03 ― できるだけ2サイズ以上を試着

服はワンサイズ違えば雰囲気や印象がガラっと変わるので買いものをするときはとことん試着。ジャストサイズだけでなく、一つ上、一つ下のサイズなどとも着比べて、理想のシルエット、ゆとり具合、裾丈、袖丈……を探します。

本書に掲載の衣服や小物はすべて著者の私物です。
現在購入できないものもありますので、ご了承ください。

CASUAL COORDINATE BOOK

CHAPTER 1

私のワードローブに欠かせない

偏愛カジュアルアイテムの着こなし方

大人カジュアルの決め手は甘さのさじ加減

私がカジュアルコーデをするうえで大事していることのひとつが「甘さ」。30代、40代、そして50代とカジュアルコーデを楽しむなかで「自分らしい」カジュアルを探ってきました。もちろん「好き」という気持ちがいちばん大事で、それに従っていくと私は「可愛い」とか「甘い」が好みだとわかりました。

一口にカジュアルと言ってもクールだったり、ボーイッシュだったりいろいろありますが、私は「甘さ」があるカジュアルが好き。とはいえ、全面的に甘いのが好きかというと、それはちょっと違います……。

そんなふうに自分の好みと向き合っていくと、自分なりの着こなし方のルールができました。それは、コーデの「甘さ」度数を考えること。まず大前提として「甘さ0％」と「甘さ100％」はありません。でも、その間の甘さのふり幅はけっこう大きくて、甘さ10％のときもあれば90％のときもあります。

たとえばレーススカートを主役にするとします。レーススカートはそれだけで甘さ100%なので、もしここに甘いディテールのトップスを合わせてしまうと100%をオーバー……だから、それはなし。定番はTシャツやスウェットなどを合わせることが多いですが、こういったカジュアルトップスを取り入れるとそれだけで甘さは60%くらいになります。もう少し甘さを加えたいときはころんとしたフォルムのかごバッグをプラスして甘さ70%に。逆に甘さ度数を減らしたければ、無骨なトートバッグやクールなレザーバッグを合わせます。すると甘さは50%くらいに……。

厳密な基準はないですが、なんとなく「甘さ」の度数を自分なりに考えながらコーデをしています。そうすることで自分好みの「甘可愛いカジュアル」がつくりやすくなりました。そして何より、甘さをコントロールしながらコーデを組み立てていくのがとても楽しいのです!

この章では、私のカジュアルコーデに欠かせないアイテムと、それぞれを主役にしたコーデをご紹介します。甘さ満点、ボーイッシュさ満点のアイテムも、「甘さ」をコントロールしていくと私好みに。

item 001

1年中頼れて、着まわし力も着映えも抜群

ボーダーのカットソー

カジュアルの定番、ボーダーのカットソーは私のコーディネートに欠かせないアイテム。なかでもボーダーの代名詞的ブランド「セントジェームス」と、「無印良品」のカットソーは安心、安定の存在。どちらももう何年着続けているかわからないくらいの長いつき合いです。

ボーダーが楽しいのは色はもちろん、ピッチ（ボーダーの幅）によって雰囲気がガラリと変わるところ。たとえば、同じ「白×黒」という組み合わせでもラインが太いか細いか、間隔が広いか狭いか。それから首元が白で始まるか黒で始まるか……など、ちょっとの違いで印象に差がでます。

単に横のラインが繰り返されている単調な柄……。一見、そんなふうに見えてしまうかもしれませんが、いやいや、ボーダーは本当に奥が深い！　だからこそ1年中着用しても、何年着ても飽きないし、何枚でも欲しくなるのです。

かつて雑誌『オリーブ』に出てくる、パリの女子学生のファッションが大好きだった私。なかでも「ボーダー×デニム」は憧れでした。だから、デニムとの合わせは今でも大好きなのですが、それだけではボーイッシュすぎてしまうので、甘さやきちんと感のある小物を効かせてバランスをとっています。

白黒同じピッチのボーダーはモードっぽさも漂う

私が長く愛する1着が、「無印良品」のこのボーダーカットソー。一見、なんてことない白黒のボーダーですが、じつはこれ、他にはなかなかないボーダーなのです。というのも多くの場合は、地になっている白のピッチのほうが太くなっているのですが、これは白と黒が同じ太さ。そのため黒のラインが際立って、デニムと合わせても全体がキュッと引き締まった雰囲気に。カジュアルなのだけどどこかモードっぽさも感じる1着です。

襟元に白のリブがあるのも大人世代にはうれしいポイント。このちょっとの白のおかげで顔まわりが明るくなるし、メリハリも出ます。

そして白黒ボーダーと黒のデニムは、どちらも甘さのないアイテムなので組み合わせるときはレディライクなパールやバレエシューズが必須。長めの袖をたくし上げて手首を出すことも、女性らしさを加えるポイントです。

黒のデニムと合わせてモノトーンスタイルに。甘さのある小物とつくりのいいバッグで、ボーイッシュさを適度にマイナス。

カットソー:無印良品/デニム:ZARA/ネックレス:Canaria accessory/バッグ:ebagos/布バッグ:OLDMAN'S TAILOR/靴:Ami Ami

ほどよく甘いピンクが大人の可愛さを引き出す

甘さ 40%

女性らしいやさしい色合いが魅力の「白×ピンク」のボーダー。きれいめに着たかったのでコンパクトなサイズをセレクト。

カットソー:Saint James/パンツ:IENA/ブレスレット:楽天/バッグ:ブランド不明/靴:ZARA

ピンクでもゆとりがあれば 甘すぎない

甘さ 20%

以前はジャストサイズを買うことが多かったのですが、最近はゆとりのあるサイズも気分。チノパンと合わせてよりカジュアルな印象に。

カットソー：Discoat／パンツ：GU／ネックレス：Canaria accessory／バッグ：HAYNI／靴：CONVERSE

可憐なピンク地のボーダーは春夏の定番

甘さ 70%

ボートネック、七分袖で絶妙に肌見せをおさえたデザインなので甘くなりすぎず、ほどよくボーイッシュさが残せます。

長めの丈が
甘さをほどよく軽減

カットソー:Saint James/スカート:POOL いろいろの服/ネックレス:ZARA/バッグ:Spick&Span/靴:CITEN

甘さ
20%

ボーダー×デニムは大好きなスタイル。この日は少しやさしい印象にしたかったので、小物は茶系で統一し抜け感をプラス。

大好きなデニムと合わせたブルーのワントーンコーデ

カットソー:Saint James/デニム:RED CARD/ネックレス:Canaria accessory/バッグ:ノーブランド/靴:Odette e Odile

item 002

何を合わせても甘さを残せる甘可愛カジュアルの鉄板

レーススカート

「年齢を重ねたら、可愛い服は着られない」という声も耳にしますが、大好きなアイテムを、年齢を理由に「もう着ない」なんて決めてしまうのはさみしいと思います。アイテム単体で見れば、「可愛らしさ全開」のレーススカートもそのひとつかもしれませんが、選び方と着こなし方さえ気をつければ大人だって十分楽しむことができます。

私がレーススカートを選ぶときにこだわっているのは、くるぶしが隠れるくらいのマキシ丈。それからすとんとした落ち感と、裾に向かって広がるほどよいボリューム感です。こういったレーススカートはひざを出してしまえばものすごく子どもっぽくなってしまうし、タイトなシルエットになればコンサバ感が急上昇。シルエットと素材には抜け感があるものが、体形もカバーしてくれるし、大人のカジュアルにはしっくりきます。

そしてレーススカート自体は「甘さ100%」なので、メンズライクなスウェットやTシャツ、カットソーなどを合わせて甘さをほどよく引き算することも必須。逆に言えば、「甘さ0%」のトップスだって、いとも簡単に甘可愛いカジュアルコーデにしてしまう。そこも、レーススカートならではの魅力です。

ボリュームたっぷりでもすっきり着こなせる

歴代のレーススカートのなかでも溺愛しているのがＺＡＲＡの「刺繍入りロングスカート」。裾に向かってふわりと広がるシルエットで、ボリュームもたっぷりなので最初は「さすがに、可愛すぎる？」と思い、試着も躊躇しました。でも実際はいてみると、ボリュームがあっても腰回りがわりとタイトなのですっきり着られるし、ボリュームがあるからこそレースもきれいに見えることがわかり即虜に！　今では、私のワードローブに欠かせない1着になりました。

甘さ１００％のスカートは、何を合わせたって甘さが足りないことはありません。なので、カジュアル度の高いカットソーやスウェットを合わせるのが私の定番。オーバーサイズのカットソーとも合わせることが多いのですが、腰回りがフィットしているおかげかもたつかずバランスよくまとまります。どんなトップスでも受け入れてくれる守備範囲の広さもこのスカートの魅力です。

甘さ
50%

ゆとりのあるカットソーとの合わせは私の定番。このときは甘さを50%くらいにしたかったので、無骨なトートバッグを添えました。

腰回りは
フィットして
すっきり
L.L.Bean

スカート:ZARA/カットソー:UNIQLO（メンズ）/ブレスレット:vintage/バッグ:LL.Bean/靴:Ami Ami

甘さ
50%

レーススカートもユニクロのヒートテックレギンスを履けば、秋も着まわせます。長い丈のスカートは、短い丈のアウターと合わせると好バランス。

スカート:ZARA/ニット:ZARA/アウター:BEAMS BOY/ネックレス:Canaria accessory/バッグ:ノーブランド/布バッグ:URBAN RESEARCH DOORS/靴:LE TALON

甘さ
50%

やや黄みがかったスウェットとのワントーンコーデ。微妙な色の違いがコーデに立体感を生んでくれます。バッグと靴の黒が引き締め役。

スカート:Canaria Style/スウェット:無印良品/ネックレス:ZARA/ブレスレット:楽天、vintage/バッグ:HAYNI/布バッグ:LOWRYS FARM/靴:Ami Ami

裾からのぞくレースがコーデにニュアンスをプラス

甘さ 90%

シンプルなTシャツ素材のワンピースにレーススカートを重ねれば、甘さはもちろん、華やかさも涼しさも一気にアップ。

スカート:Spick&Span/ワンピース:BEAUTY&YOUTH/ネックレス:ブランド不明/バングル:Canaria accessory/バッグ:Spick&Span/靴:GAP

絶妙なカットワークだから黒でも軽やか！

全体がレースになっていたり、レースの分量が多い黒スカートだとエレガントだったり、フォーマル感があったりしてカジュアルに取り入れるのは難しいなって思っていました。そんな悩みを解決してくれたのが、このレーススカートです。

切り替えから下だけにカットワークをほどこしているうえに、軽やかなコットン素材なのでエレガントになりすぎません。形は広がりすぎないAラインで、なおかつウエストにはほどよいフィット感。ダボっとしたトップスとも相性がよく、黒だけど抜け感のある大人のカジュアルコーデがかないます。

ボーダーも黒のスカートと合わせると、デニムなどとのコーデとはまた違った甘さのあるスタイルに。また、白のレーススカートよりも甘さ控えめなのでピンクのスウェットなどとも合わせられます。これまではレーススカートといえば白でしたが、黒を加えたことでコーディネートの幅もぐっと広がりました。

甘さ
50%

歩くたびに揺れるシルエットと、裾のカットワークが軽やかな印象を演出してくれます。カジュアルの王道ボーダーとも好相性。

スカート:Canaria Style/カットソー:無印良品/ネックレス:ZARA/ブレスレット:楽天、vintage/バッグ:HAYNI/靴:LOTTADESIGN

デザインは甘くても、露出控えめが大人には好相性

レース・フリルトップス

40代後半の頃、これまで着てきた服が急に浮いて見えたり、「なんか似合ってないかも？」と違和感を覚えたりすることがありました。

そこで思い切って「可愛らしい」アイテムを手放すことにしたのです。

そのときにレースやフリルのブラウスもけっこう手放したのですが、それでも残したものがいくつかあって、その線引きは「露出度」でした。

一口にレースやフリルトップスと言っても、ノースリーブと腕が隠れるもの、首元が詰まっているものと襟ぐりの開きが大きいものとでは、ぜんぜん印象が違います。20代、30代の頃は腕が出るものや首回りが大きくカッティングされた、いわゆる露出度高めのレーストップスやフリルトップスのほうが可愛いと思っていたし、自分にも似合っていると思っていました。でも、同じものを今着ると浮いてしまうし、気恥ずかしさも感じてしまう……。今は露出が控えめなものがしっくりきます。というより、今の年齢だからこそ露出をおさえた落ち着いたレースやフリルのトップスと、うまく調和できるようになったのかもしれません。レース・フリルと言うだけで、「可愛いすぎる」と思いがちですが、選ぶデザインが少し違うと、若いころとは違った魅力で着られると思います。

袖の自然なドレープが大人にちょうどいい甘さをプラス

今日はちょっと暑いから風通しのいいトップスにしよう。そんなときに活躍してくれるのがこのレーストップス。ドルマンスリーブになった袖口から風が入ってくるので、見た目以上に涼しく着心地も抜群です。

レーストップスは露出が高いと若づくり感が出てしまうし、レースが目立ちすぎても幼い感じになってしまいます。その点、このトップスは袖まわりと肩のところにだけレースをあしらい、身頃部分はシンプルなつくり。「甘いけれど、甘すぎない」。その絶妙なバランスが大人にも取り入れやすいポイントです。

そして、綿ならではのやわらかさとふんわり感も魅力。もし、体のラインに沿うようなシルエットだったり、光沢があったりするとドレッシーになってしまい私好みではなかったと思います。レースに加え上半身を包んでくれるようなやわらかいシルエットなので、デニムを合わせても十分な甘さが残ります。

甘さ
70%

足元はシルバーをセレクト。白だと爽やかすぎてしまうし、黒だとちょっと締まりすぎてしまう。そんなときに頼れるカラーです。

------ 露出が少ない
袖丈だから
甘くなりすぎない

ブラウス:Canaria Style/ デニム:RED CARD/ バッグ:HAYNI/ 布バッグ:LOWRYS FARM/ 靴:LOTTADESIGN

繊細なディテールがあるからアクセがなくても十分華やか

シップスで購入したこのレースブラウスも、私が大好きな1着。袖口や腕に甘いディテールをあしらったフェミニンなデザインですが、露出が控えめなので甘くなりすぎず、大人っぽく着こなすことができます。これがもし身頃までレースがあったり、もっとフリルが大きかったりしたら敬遠していたかもしれません。また、これくらいの甘いディテールで襟元が大きく開いていたり、半袖やノースリーブだったりしたら、きっと幼い印象に……。これは、ディテールの量も露出のバランスも大人にちょうどいい1着です。こういったフェミニンなブラウスはデニムと合わせるのが私の定番。カジュアル度が高くなおかつシンプルなデニムならば、甘さをおさえつつも繊細なディテールを引き立ててくれます。それから、レースや袖のデザインを生かすため、あえてアクセをしないのもこのコーデのポイントです。

甘さ
30%

単体では甘さ100%のブラウスも黒のデニムを合わせればぐっと引き締まります。足元にレオパードを加えて、さらに一段辛口に。

ブラウス:SHIPS/デニム:ZARA/バッグ:vintage/靴:Pretty Ballerinas

控えめなフリルがカーゴの無骨さをマイナス

甘さ
40%

袖口と襟元に小さなフリルがあしらわれたブラウス。フェミニンながらも、シャツっぽいきちんと感もあわせ持った1着です。

ブラウス:IENA/パンツ:Plage/ブレスレット:楽天、vintage/バッグ:ebagos/靴:Ami Ami

襟元と袖元のフリルでニットコーデを新鮮顔に

甘さ 10%

P 40のフリルブラウスは、ニットとのレイヤードスタイルを楽しむことも。さりげないフリルがシンプルなコーデのアクセントに。

ブラウス:IENA/ニット:無印良品（メンズ）/デニム:Healthy denim/バッグ:ノーブランド/靴:ADAM ET ROPE

item 004

甘さも華やかさも100%だから、コーデがラクに決まる

きれい色・柄スカート

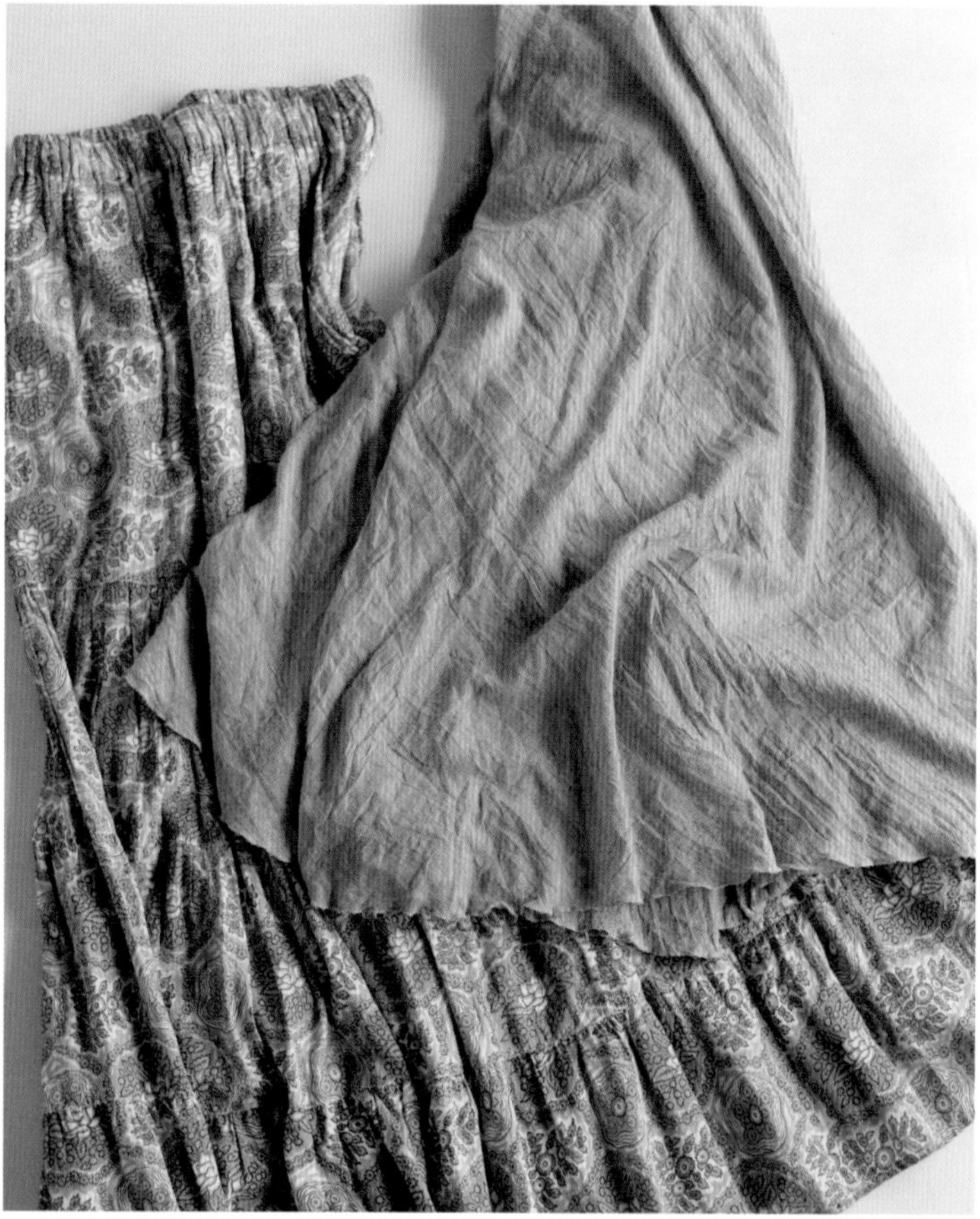

大人になると、「シックな色や落ち着いた柄が正解」。どことなく、そんなふうにも思われがちですが、私はやっぱり明るい色も華やかな柄も着たい！

カラフルなアイテムは大好きだし、好きだからこそ着ると気分が上がります。だから、年齢を理由に色や柄のセレクトを狭める必要なんてない！と思います。

「きれいな色や柄」をまとったマキシスカートも、そんな私の偏愛アイテム。

一点で華やかな印象も甘さも十分に盛り込めるアイテムだから、ベーシックなTシャツやカットソーをさらっと合わせるだけでもコーデがラクに決まります。

もちろんベーシックな色のマキシスカートも素敵なのだけど、やっぱり私はきれいな色や柄が好き。これくらいの色や柄をトップスにもってこようとするとなかなか難しいですが、ボトムスだったら挑戦しやすいですよね。だからこそ、スカートで楽しみたいというのもあります。

そして、きれい色・柄のスカートはくるぶしまで隠れるこの丈だからこそ使いやすいのです。仮に、このスカートの丈がひざまでしかなかったら……。かなり子どもっぽくて、ちょっと手を出せません。それから引きずるくらいのほうが、ラフなトップスともバランスよく決まります。

重くなりがちな冬コーデも華やかな色で軽やかに！

薄手のマキシスカートは、「春夏だけのもの」という印象があるかもしれませんが、私は秋や初冬も着まわしています。

夏はコットンのTシャツなどを合わせることが多いですが、秋冬はざっくりしたニットなど、スカートとは異なる素材のアイテムとコーディネート。異素材を合わせるとコーデに立体感と奥行きが生まれるので、春夏とはまた違った味わい深い雰囲気にまとまります。

また、シックで重くなりがちな秋冬コーデに華やかさと軽やかさをプラスしてくれるのもマキシスカートの魅力です。

気になるのは防寒ですが、私はスカートの下にユニクロのヒートテックレギンスを履くことが多いです。それでもさすがに真冬は厳しいですが、まだ寒さが厳しくない冬の始まりや寒さがやわらいだ春先なら無理なく過ごせます。

甘さ 60%

華やかな色と柄が目を引くマキシスカート。冬しかできない、ざっくりとしたニットとの合わせも私は大好きです。

ブルーのロゴが
コーデのつなぎ役

スカート:TIARA × BINDU/ニット:ZARA/バッグ:menui/布バッグ:ノベルティ/靴:Ami Ami

甘さ
50%

地味になりがちな冬のコーデが柄で華やかに！

ドラマティックな色と柄に一目ぼれしたスカート。黒や茶などの色味が入っているので、ベーシックカラーのトップスと好相性。

スカート:IENA/ニット:ZARA/アウター:BEAMS BOY/ネックレス:ZARA/バッグ:HAYNI/靴:CONVERSE

甘さ 80%

おしゃれが楽しくなる カラフルなスカート

着るだけで気分が上がるカラフルなスカートは古着屋で購入。スカートと同じピンクを足元に合わせることで、全体がまとまります。

スカート:vintage/ T シャツ:GU/ ネックレス:ZARA/ バングル:Canaria accessory/ ブレスレット:vintage、楽天/ バッグ:Spick&Span/ 靴:ZARA

歩くたびに揺れるシルエットが女性らしい

甘さ 60%

やわらかなガーゼ素材のマキシスカート。歩くたびに揺れて、着こなしにリズムを与えてくれます。

スカート:ノーブランド/タンクトップ:Coen/ネックレス:SALON ADAM ET ROPE/バングル:Canaria accessory/バッグ:ZARA HOME/靴:GAP

甘さ 60%

主役は履くだけで元気になれる赤のスカート。ドラマティックな赤に負けないレオパード柄がコーデの引き締め役。

スカート:GU/タンクトップ:Coen/ネックレス:ZARA/バングル:雑貨屋で購入/ブレスレット:楽天、vintage/バッグ:LOWRYS FARM/靴:GAP

甘さ 60%

ギャザーたっぷりのスカートが主役のコーデはラフで大きめな茶のバッグで甘さをコントロール。足元も茶で色をそろえています。

スカート:POOL いろいろの服/タンクトップ:Coen/ネックレス:ブランド不明/ブレスレット:楽天、vintage/バッグ:POOL いろいろの服/靴:Birkenstock

item 005

古い人にならないように、時代に合わせてアップデートを

デニム

デニムって堅牢な素材ゆえに、数年、数十年と履けることもあります。私も、お気に入りの1本はもう8年選手で、「ドゥーズィエム クラス」で購入したものです。じつはそれを買ったとき、最初はジャストサイズを試着したのですが、どうもしっくりこなくて……。そこでサイズを上げてみたところ「これ！」という自分好みのシルエットに出合うことができました。

そんな長年愛用する運命の1本もあるのですが、デニムは頻繁に新作も買い足ししています。その理由はデニムこそ流行が目まぐるしく変わっているから。デニムって「流行に左右されない」。そんなイメージがありませんか？　でもじつは数年前のものでも、すごく古くさく見えてしまったり、時代を引きずっている感が出てしまうことがあるんです。だから、デニムこそアップデートが必要だと思います。私は「今はこれ！」という1本を手に入れたいときは、セレクトショップで探すことが多いです。オリジナルだけでなく、多種のブランドもそろっているので自分好みが見つかりやすいです。

そのうえで、ファストファッションでいいものを見つけたら追加！　ファストファッションは、気軽に取り入れられるのがいいですよね。

リネンと合わせて重くないオールブラックに

甘さ 30%

クールな黒のデニムを、軽やかなリネンのブラウスとコーディネート。バッグの籐の部分がほどよい抜け感をプラスしてくれます。

デニム:ZARA/ブラウス:B.CSTOCK/ブレスレット:vintage/バッグ:ebagos/靴:GU

キリっとした黒デニムは、一瞬で品格を加えてくれる

甘さ 10%

キリっとした黒のデニムならシックな装いも簡単にかなえてくれます。コーデが単調にならないように柄のストールをプラス。

デニム:ZARA/カットソー:UNIQLO/ストール:ZARA/ネックレス:Canaria accessory/バッグ:ebagos/靴:Pretty Ballerinas

甘さ
10%

GUのデニムは透け感もなく超優秀です。センタープレス入りなのでメンズTシャツを合わせてもラフすぎません。
デニム:GU/Tシャツ:ブランド不明(メンズ)/ネックレス:Canaria accessory/バッグ:ZARA/靴:Pretty Ballerinas

甘さ
10%

ウエストにややゆとりがあるデニムなのでトップスをインして、コンパクトなシルエットに。ころんとしたかごで甘さをプラス。
デニム:Deuxieme Classe/ニット:ZARA/ネックレス:Canaria accessory/マフラー:Deuxieme Classe/バッグ:Gomyomarche/靴:Ami Ami

メンズライクなデニムは赤で女性らしく昇華

甘さ 30%

デニムはやや裾に向かってすぼまるテーパード。ニットとマフラーの赤がデニムのボーイッシュさをほどよくおさえます。

デニム:Deuxieme Classe/ニット:ZARA/ネックレス:Canaria accessory/マフラー:ブランド不明/ブレスレット:楽天、vintage/バッグ:Gomyomarche/靴:Pretty Ballerinas

item 006

1枚でサマになるワンピースは夏の主役

派手色・柄ワンピース

私がワンピースを選ぶときは、とにかく「ときめき」重視。他のアイテムを買うときは、「着まわしができるかな」「手持ちのアイテムと合うかな」などと考えたりもしますが、ワンピースに限って言えばそんなことはおかまいなし（笑）。「可愛い！」「着たい！」と思えば、その気持ちが何より優先です。だから、今あるものは一目ぼれしたものばかり。どれもこれも着ることが楽しみで、袖を通せば何でもない1日が特別な日になってしまう、そんなワンピースです。

そもそも1枚でコーデができてしまうのがワンピースの魅力ですが、派手な色や華やかな柄ならばなおさらバサっとかぶるだけでサマになります。それに気になるおなかまわりをさりげなくカバーしてくれるし、風通しがよくて涼しいし、1日中着ていてもラク。やっぱり夏の主役はワンピースです。

そんな中、私が唯一こだわっているのは生脚を出さないこと。夏に着ることが多いので足元は素足が基本ですが、丈が短いと中途半端に生脚が見えてしまいます。すると妙な甘さとか幼さとか、いらぬものがプラスされてしまい、着ていても落ち着かないのです。引きずるくらいの長い丈が理想ですが、短めなものはデニムやレーススカートを合わせて生脚の露出をセーブしています。

柄ワンピは引きずるくらいの丈が着こなしやすい

これは、アジアン雑貨の店で見つけたワンピース。私はこういったエスニックな雰囲気のワンピースが大好きです。

アジアン雑貨店は、バングルなどのアクセも驚くほどプチプライスで見つかることがあるのでたまにチェックするのですが、ときにこういった一目ぼれ級のワンピースに出合えることがあります。セレクトショップなどでワンピースを買おうとするとなかなかのお値段がしますが、雑貨店で見つけるワンピはたいてい超お手頃。失敗も怖くないうれしい価格なので、「可愛い！」「着たい！」と思ったら迷わず購入しています。

少し毒っ気があるところも、このワンピースの魅力。ワンピはシルエットが甘いので柄も甘いと可愛くなりすぎてしまいますが、甘さと相反するちょっと毒っ気のある柄だと、意外と大人でも取り入れやすいと思います。

引きずるくらいの丈も大人っぽく着られるポイント。ウエスト部分が絞れるのでダボっとなりすぎずすっきり着られます。

ワンピース:雑貨屋で購入/ネックレス:ZARA/バッグ:coca/靴:GAP

ピンクの靴を合わせてカラフルを存分に満喫

甘さ 80%

足元にはワンピースの中にもあるピンク色の靴をセレクト。ビビッドな色だけど、服とリンクするので浮かずにまとまります。

ワンピース:vintage/バングル:雑貨屋で購入/バッグ:Spick&Span/靴:ZARA

爽やかで、涼しげな
ブルーの柄に一目ぼれ

甘さ 70%

購入当時は1枚でも着ていましたが、丈が短いので今はデニムと合わせて着たほうが落ち着きます。少し長めのデニムが好相性です。

ワンピース:PLST/デニム:LOWRYS FARM/バッグ:ノーブランド/ネックレス:ZARA/バングル:雑貨屋で購入/靴:GAP

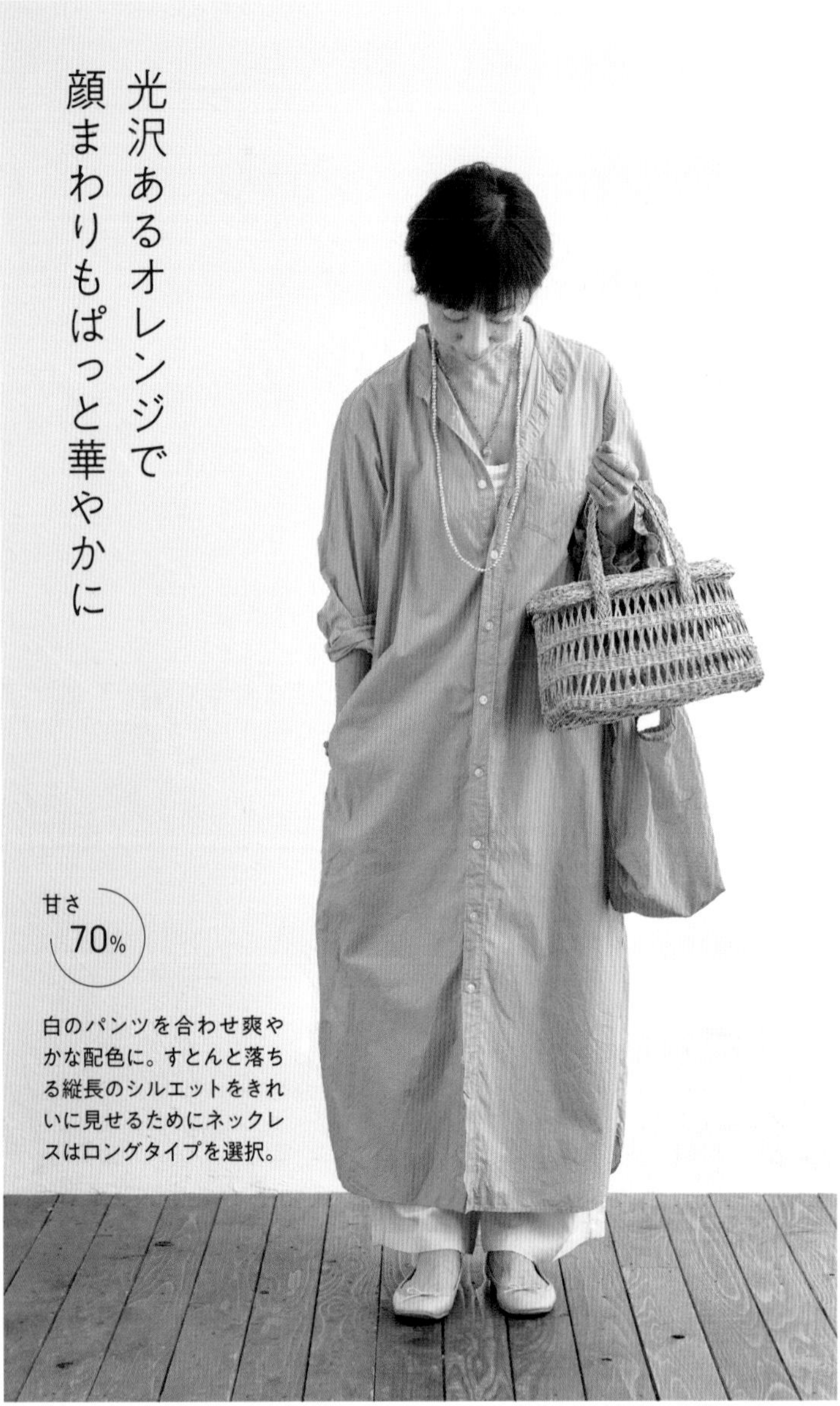

光沢あるオレンジで顔まわりもぱっと華やかに

甘さ 70%

白のパンツを合わせ爽やかな配色に。すとんと落ちる縦長のシルエットをきれいに見せるためにネックレスはロングタイプを選択。

ワンピース:BEAMS BOY/パンツ:GU/シルバーネックレス:SALON ADAM ET ROPE/ゴールドネックレス:ZARA/バッグ:Maria La Rosa/フリルバッグ:HELOYSE/靴:CITEN

発色のいいグリーンだから シンプルでも存在感十分

ワンピの面積に
負けない大きい
バッグを選択

甘さ 80%

レーススカートと重ねるのがこのワンピを着るときの定番。バシッと決まりすぎないように、ラフさがある布バッグをプラス。

ワンピース:SLOBE IENA／スカート:ノーブランド／バングル:Canaria accessory／バッグ:バッグ購入時にもらったもの／靴:GAP

削ぎ落とされたデザインとシンプルな形がいい

メンズスウェット

スウェットやラフなカットソーって、どことなく部屋着感があって大人のコーデには向かないのでは？　なんて思っている方もいますよね。でも、そういったアイテムこそ大人カジュアルの強い味方。

レーススカートの甘さをマイナスするにもちょうどいいし、きれいにまとまりすぎたコーデを崩すにももってこい。それでいて軽いし、動きやすいし、手入れも簡単！　それこそ部屋で着るにもちょうどいいけれど、パールネックレスをひとつつければ外出にも対応できる。その柔軟さもまた魅力なのです。

そして、いくつかある手持ちの中でも出番が多いのが、メンズのスウェットやカットソーです。じつはこういったカジュアルなアイテムを探すときは、レディースだけでなくメンズコーナーもチェックするのがマイルール。

というのも、レディースのものは首元が開いていたり、胴まわりがふんわりしていたり。女性の体をきれいに見せるためのこまやかな工夫ではあるのですが、それがときにじゃまになることがあるのです。メンズのアイテムはいい意味でこういったこだわりのディテールがなくシンプル。レディースにない色が見つかることもあるし、理想的なサイズもメンズのほうが見つけやすいです。

コンサバ気味なスカートもスウェットなら私好みになる

トップスは無印良品のメンズコーナーで見つけた「裏毛トレーナー」。じつはこれ、ルームウェアとして販売されているものなのですが、シルエットも着心地も優秀。部屋着だけで終わらせるなんて本当にもったいないので、私はふだんのコーディネートでたくさん活用しています。

ポイントは、まず薄すぎず、厚すぎずの生地で着膨れしないこと。それから少しとろみがあって〝いかにもスウェット〟という感じがないのも魅力。スウェットをデニムなどと合わせるとどうしてもラフさが強くなってしまいますが、これはとろみがあるおかげか上品にまとまる気がします。

ちょっとコンサバ気味なこのスカートは、以前はきれいめなトップスを合わせていましたが、このスウェットを合わせるようになってからぐっと私好みのカジュアルスタイルになりました。

甘さ 50%

スウェットのサイズはメンズのXS。ほどよいゆとりがあり心地よく着られます。裾と襟元から白のTシャツをのぞかせメリハリをプラス。

スウェット:無印良品（メンズ）/Tシャツ:Canaria Style/スカート:Canaria Style/バッグ:HAYNI/靴:FABIO RUSCONI

甘さ 10%

ほどよいゆとりが、シンプルコーデのニュアンスに

ワッフル素材のカットソーは、少しゆとりのあるサイズを選択。シンプルな組み合わせなので、足元にはレオパード柄でアクセントを。

選んだのは
メンズのMサイズ

カットソー:GAP（メンズ）/デニム:Healthy denim/ネックレス:Canaria accessory/バッグ:flea store vegetal/靴:Pretty Ballerinas

スウェットが主役でも洗練された印象にまとまる

甘さ 20%

着用しているのはP 67と同じスウェット。センタープレスの入ったデニムと合わせれば、洗練されたきれいめなカジュアルに。

スウェット:無印良品（メンズ）/デニム:GU/ネックレス:Canaria accessory/バッグ:ZARA/布バッグ:ORNE/靴:Pretty Ballerinas

item 008

主張しすぎない色や大きさがポイント

ロゴスウェット・Tシャツ

カジュアルコーデが大好きな私がつい目がいってしまうのが、ロゴスウェットやロゴTシャツです。

ロゴ入りのトップスというと、「子どもっぽい」とか、「カジュアルすぎて大人には向かない」などと敬遠してしまう方もいると思いますが、シンプルな着こなしが多くなる大人世代こそ頼れる存在。コーデがちょっとさみしい、なんだか物足りない……。そんなときにも手っ取り早く賑やかさを足してくれるのが、ロゴスウェットやロゴTシャツです。

とはいえ、数あるカジュアルアイテムの中でもカジュアル感が強いアイテムであることは確か。ともすればボーイッシュになりすぎたり、子どもっぽくもなりがちなので、コーデを組むときは甘さのあるボトムスと合わせたり、きちんと感のある小物を取り入れたりして崩しすぎないように気をつけています。

それからロゴが主張しすぎないものを選ぶこともポイント。ロゴに飛び出してくるような強さがあると、元気な印象が先走ってやんちゃになりがち。ロゴがかすれていたり、少しくすんだ色になっているもののほうが落ち着いた印象で着られるので大人も取り入れやすいと思います。

かすれ感のあるロゴが大人コーデのほどよいアクセント

スウェットとレーススカートのワンツーコーデは私の定番のカジュアルスタイル。でも、定番ゆえに、いつも無地のスウェットではそっけない、なんか気分を変えたい……と思うこともよくあります。

そんなときトップスにロゴをもってくると一気に賑やかに。それだけでガラリと変化がつけられますよね。

古着屋さんで購入したこのスウェットの魅力は、少しかすれ感のある白いロゴといい具合にあせたブルー。これがもし、鮮やかなブルーとパキッとした明度の高い真っ白なロゴだったら、子どもっぽい1着だったし、サラッとスカートに合わせるだけでは野暮ったい印象になっていたかもしれません。

足元にはメタリックブルーのバレエシューズをセレクト。スウェットと同じ色を選ぶことで、全体がまとまりやすくなります。

甘さ
50%

甘さ100%のレーススカートも、ロゴスウェットを合わせればそれだけで甘さ半分に。白と青でまとめて、爽やかなスタイルに。

足元は
スウェットと
同色をセレクト

スウェット:vintage/スカート:ZARA/ブレスレット:楽天/バッグ:ノーブランド/靴:ADAM ET ROPE

色、形、素材感。女性らしさが詰まった一着

カジュアル感が強いロゴTシャツは、色やシルエットに上品なニュアンスがあるものを選ぶと大人でも取り入れやすいです。

夏の間へビロテしているこのTシャツは、グレーのようなベージュのような、やさしいニュアンスカラーが魅力。白のボトムスとも黒のボトムスともなじみやすく、ロゴTながらもコーディネート全体を落ち着いた印象にまとめてくれます。そして、主張しすぎないロゴがコーデの引き締め役に。これでもしロゴがなかったら少しさみしい印象だったり、全体がなんとなく締まらずメリハリがないコーデになっていたかもしれません。

少しとろみのあるシルエットと、フレンチスリーブも女性らしく着られるポイント。半袖と違って身頃と袖の切り替えがないフレンチスリーブは、首から肩にかけて丸みが出るので女性らしい印象に仕上がります。

窮屈感のない少しゆとりのあるシルエットも私好み。小物はトップスのカラーともなじみやすいブラウン系で統一しました。

Tシャツ:B.CSTOCK/スカート:Canaria Style/バングル:LOWRYS FARM/バッグ:ノーブランド/靴:kurun TOKYO

ブルーのロゴをポイントに清涼感あるスタイルに

甘さ
20%

ジャストサイズのロゴTなら、カジュアルパンツとの合わせもラフになりすぎません。甘さを加えてくれるパールネックレスは必須。

Tシャツ:Shinzone／パンツ:IENA／ネックレス:Canaria accessory／バッグ:HAYNI／靴:ADAM ET ROPE

カジュアル度が高いコーデもパールで甘さをひとさじ

甘さ 10%

この日は夫に借りたロゴTが主役。大きめのトートバッグやスニーカーを合わせて、カジュアル度を高めつつもパールで甘さをひとさじ。

Tシャツ:Champion(メンズ)/パンツ:GU/ネックレス:Canaria accessory/ブレスレット:楽天/バッグ:PETA + JAIN/布バッグ:LL.Bean/靴:CONVERSE

item 009

大人がダボっと着るからこそ、かっこいい

サロペット

サロペットをよく着るようになったのは、50代になってから。

昔はほとんど着なかったのですが、ある雑誌で自分より上の年代の方がサロペットを着こなす姿に一目ぼれ。かわいくて、かっこよくて、一気に引き込まれました。さらにそのとき思ったのは、このやんちゃなアイテムを、あえて大人が着るからかっこいいということ。サロペットは大人こそ似合うアイテムなんだということ。そんなことを機に、私もサロペットが大好きになったのです。

とはいえ、子どもっぽいアイテムであることは間違いないので、着こなし方には気をつけています。特に意識しているのはインに合わせるトップスの首元の開き。ここが詰まっているとどうも少年っぽいのです。なので、夏ならば首元の開きがやや広めの半袖やフレンチスリーブのTシャツを。秋冬ならば、タートルネックは選ばず、クルーネックのニットやカットソーを合わせます。それからサロペットの下にブカッとしたトップスを合わせるのは苦手なので、コンパクトなサイズを選ぶこともこだわりです。ただ、サロペット自体は少し大きいサイズが好み。雑誌で見たあの憧れの着こなしも、ダボっとしたものをルーズに着ていて、そこがまたかっこいいポイントでした。

艶ある赤でたちまち大人の着こなしに

甘さ
30%

アイボリーのサロペットは、適度なゆとりがあるサイズをセレクト。サロペットと同じくらいの分量のある赤のコートを合わせて大人っぽい印象に。

サロペット:URBAN RESEARCH DOORS/コート:Mila Owen/カットソー:GAP/ネックレス:Canaria accessory/ブレスレット:楽天/バッグ:ノーブランド/傘:Traditional Weatherwear/靴:CONVERSE

甘さ
20%

ゆるさと上品さのあるシックなコーデに

サロペットもコートもゆるっとしたシルエット。リラックス感がありますが、落ち着いたシックな配色なのでラフになりすぎません。

サロペット:URBAN RESEARCH DOORS/コート:UNIQLO/カットソー:GAP/ネックレス:Canaria accessory/ブレスレット:楽天/ストール:ZARA/バッグ:ノーブランド/靴:CONVERSE

多めの肌見せが女性らしく着こなすコツ

ブラックのデニムサロペットはGUのもの。デニムながらも生地がやわらかくゴワゴワしないところが気に入っています。もうひとつのポイントは、金具が生地の色に合わせて黒っぽくなっているところ。ここが金具そのもののシルバーだとやけに目立ってしまいます。するとサロペットのわんぱくな感じが出てしまったり、安っぽく見えてしまったり……。こまかいことですが、大人が着こなすためにはこういった、ちょっとしたこだわりが意外と大事なんです。

そして、私がサロペットを着るときにこだわっているのは、肌を見せ抜け感を出すこと。インに合わせるTシャツは鎖骨が出るくらい首に開きがあり、袖も短めに。ちなみに、このコーデに使ったTシャツの袖は自分でカット。もともとはふつうの半袖でしたが、数センチはさみで切っただけでサロペットにぐっと抜け感が生まれました。切りっぱなしですが、ほつれることもありません。

甘さ
10%

サロペットは抜け感が大事。首元が詰まると子どもっぽくなってしまうので、冬に着るときもタートルネックは合わせません。

袖は重すぎない
長さに
セルフカット

サロペット:GU/ Tシャツ:American Apparel/ ネックレス:ZARA/ ブレスレット:vintage、楽天/バッグ:LOWRYS FARM/ 靴:Pretty Ballerinas

甘さ
10%

コンパクトなTシャツとレディな小物で脱・子どもっぽさ

サロペットはコンパクトなトップスを合わせることがマイルール。小ぶりなチェーンバッグを1つ加えるとレディな印象に。

サロペット:URBAN RESEARCH DOORS/ Tシャツ:Shinzone/ネックレス:ZARA/ブレスレット:vintage/バッグ:ブランド不明/布バッグ:POOL いろいろの服/靴:GAP

CASUAL COORDINATE BOOK

CHAPTER 2

大人のカジュアルコーデは

小物とアクセで昇華させる

大人カジュアルは小物やアクセでもっと楽しくなる

ＣＨＡＰＴＥＲ１では、私の偏愛カジュアルアイテムと、そのコーデをご紹介してきました。それらの中でも、かごバッグや布バッグ、バレエシューズ、ハイカットスニーカー、パールネックレスがたくさん登場してきましたが、こういった小物やアクセサリーもまた、私のカジュアルコーデに欠かせない偏愛アイテムです。

ＣＨＡＰＴＥＲ１でもお伝えしてきたように、私のコーデのポイントのひとつは「甘さ」。いつもコーデのどこかに甘さを残したり添えたりしますが、それに加え「きれいめ」とか「きちんと感」などをプラスすることもあります。

ともすれば、カジュアルコーデはラフになりすぎたり、子どもっぽくなってしまったりすることも。どこかに「きれいめ」や「きちんと感」をさり気なく加えることで、コーデを崩しすぎないように意識しています。

そういった甘さやラフさをコントロールするときに大活躍するのが小物やアクセサリーです。

かごバッグやパールネックレス、バレエシューズなどは甘さを簡単に足してくれるアイテム。逆にスニーカーは甘さを引いたり、きっちりしすぎてしまったときの崩しにも重宝します。布バッグは独特のゆるい雰囲気がまとまりすぎたコーデにラフさや抜け感をつくってくれますが、柄や色によってさらにプラスの印象を与えてくれるのも醍醐味です。たとえば、ギンガムチェックのような柄なら甘さを加えてくれるし、レオパードのようなキリっとした柄ならスパイスになってくれます。

こうやって小物を使ってテイストのバランスをとっていくことで、大人カジュアルはもっと楽しくなるし、コーデの幅もどんどん広がっていきます。

この章では私が愛してやまない小物と、それらを取り入れるときの私なりのこだわりやコツをご紹介していきます。

天然素材の抜け感は、冬でも夏でも欠かせない

かごバッグ

昔から、かごバッグが大好き。20代の頃からコツコツと集め続けてきて、今では20個近くはあるんじゃないかと思います。

かごバッグが、私のカジュアルスタイルに欠かせない理由は、なんといってもその「抜け感」。ちょっときれいめに転んだ格好にレザーのバッグなどを合わせてしまうと、コンサバ感やオフィス感が出てしまいます。そんなときに天然素材のかごを合わせるとほどよい抜け感が加わり、簡単に私好みのカジュアルスタイルに仕上がります。

そしてもうひとつは「甘さ」。デザインによっては甘さ控えめなものもありますが、かごバッグのころんとしたフォルムや柔和な質感が、カジュアルスタイルのボーイッシュさを適度に緩和。大人にちょうどいい甘さを加えてくれます。

ところで、かごというと夏のイメージがあるかもしれませんが、私は夏でも冬でも、とにかく1年中愛用！　夏のワンピースなどとの合わせに負けず劣らず、冬のニットやコートに合わせた雰囲気も大好きです。それから一口にかごといっても一つ一つ個性があって持ったときの雰囲気も甘さもぜんぜん違います。だから、いくつあっても飽きないし、これからも増えそうな予感です。

形も色も、大きさも大好き！合わせる服を選ばない最愛かごバッグ

たくさんあるかごバッグの中でも、もっとも古株は15年以上使っているこのバッグ。たしか、駅ビルの中にあった雑貨屋さんで3～4千円くらいで買ったものですが、筒の形、色、大きさ……。すべてがちょうどいい大好きなバッグ。どんなスタイルにも合わせやすいし、意外と収納力があって機能的なんです。

手持ちのかごバッグはどれも大好きで順位はつけがたいのですが、どうしてもいちばんを選ぶのであれば、マイベストはやっぱりこれかもしれません。

かごバッグは、セレクトショップなどで買うこともありますが、このバッグのようにふらっと立ち寄った雑貨屋さんで掘り出し物に出合うことも多いです。ブランドや価格はあまり関係なくて、ピンときたらそれはもう運命。置いて帰ることができなくて……（笑）。そんなこんなでどんどん増えてきたかごバッグはどれもこれも愛おしくて、とても大事に使っています。

甘さ
80%

どんなスタイルにも合わせやすく、夏でも冬でも本当に出番の多いバッグ。収納力もあって、財布や化粧ポーチなども余裕に入ります。

バッグ:ノーブランド/Tシャツ:B.CSTOCK/スカート:ノーブランド/ブレスレット:楽天/靴:ZARA

どんなスタイルも格上げする美しいフォルムが魅力

甘さ 20%

かごとレザーを組み合わせた「エバゴス」のバッグも大好きな逸品。クラシカルなフォルムも素敵で、どんなスタイルも格上げしてくれます。

バッグ:ebagos/ニット:ZARA/デニム:ZARA/ネックレス:Canaria accessory/ブレスレット:vintage、楽天/布バッグ:LOWRYS FARM/靴:Pretty Ballerinas

甘さ 20%

持てば プチプラコーデが ぐっと上品に

バッグはP 92と色違い。これは50歳の誕生日に夫にプレゼントしてもらったものです。ラフなスタイルに即、品を加えてくれます。

バッグ:ebagos/サロペット:GU/Tシャツ:Shinzone/ボーダーのカットソー:無印良品/ネックレス:Canaria accessory/ブレスレット:楽天/靴:Pretty Ballerinas

大好きなかごバッグをコーデに合わせてセレクト

まるでお花摘みを彷彿させるような、ワンハンドルのかごバッグ。ころんとしたフォルムがコーデに甘さを加えてくれます。
バッグ:Gomyomarche

かごバッグといっても千差万別。色やフォルム、ちょっとした大きさの違いでも印象がガラリと変わります。また、かごというと、ほっこりとか、ナチュラルなイメージが強いかもしれませんが、レザーや金具などが施してあるときちんと感が加わったりクールな印象になったりすることも。

我が家にどんどん増えているかごバッグですが、本当に個性豊か。一つ一つ表情が違うので、その日のコーデや出かける場所、気分などによって使いわけています。

茶のレザーとゴールドの金具が、ナチュラルな中にきちんとした雰囲気をプラス。大きすぎず、小さすぎずのサイズ感もちょうどいい。
バッグ:flea store vegetal

スピック&スパンで一目ぼれ。小ぶりながらも個性的な形でコーデにちょうどいい甘さと、ラフさをプラスしてくれます。
バッグ:Spick&Span

愛用歴は、かれこれ10年以上です。他にはないかっちりした雰囲気と、ヴィンテージならではの味わいも魅力です。
バッグ:vintage

item 002

独特のゆるさとラフさが、コーデの崩しに重宝

布バッグ

アパレルショップで買ったもの、ノベルティでいただいたもの、雑貨屋さんで見つけたもの。何枚持っているかは、もはやわからないのですが（笑）、我が家には続々お気に入りの布バッグが増えています。

布バッグというと荷物が多いときのサブバッグ、そんなイメージがあるかもしれませんが、私にとっては立派なファッション小物。コーデの仕上げにアクセをつけたり、マフラーやストールを巻いたりする感覚で、布バッグを加えています。だから、「何も入ってないけど持つ！」ということもよくあります。

布バッグのいいところは、まず「ゆるさ」。コーデがきれいにまとまりすぎたときなども、布バッグをプラスするとゆるさが加わって適度なハズしになります。それから、差し色、差し柄としても活躍。コーデが物足りないとか、ちょっと締まらないというときも、布バッグを足せばワンポイントに。同じコーデでも布バッグの色や柄で、印象がガラリと変わるのも楽しいところです。

服ではこれだけバラエティ豊かな色や柄はそろえられませんが、布バッグなら、まだまだ色も柄も増やせそう。簡単にコーディネートの幅と、おしゃれの楽しさを広げてくれる布バッグは、私の日常に欠かせません。

ベーシックなコーデも グリーンで一気に元気に！

甘さ 30%

ブラウンベースの落ち着いたコーデも、鮮やかなグリーンの布バッグを加えると一気に元気な印象に。フットワークも軽くなります！

布バッグ：Lisa Says Gah／Tシャツ：ノーブランド／スカート：無印良品／バングル：雑貨屋で購入／靴：GAP

甘さ 40%

甘さ 20%

ビビッドなピンクだと元気なイメージになりますが、淡いピンクだと全体がやさしい印象に。布のラフさがほどよい脱力感も加えます。

布バッグ:ORNE/ニット:ZARA/パンツ:SALON ADAM ET ROPE/ネックレス:ZARA/ブレスレット:vintage、楽天/靴:CITEN

至極シンプルな白Tコーデにチェック柄を投入。布バッグはTシャツ1枚分くらいの面積があるので、雰囲気がガラリと変わります。

布バッグ:OLDMAN'S TAILOR/Tシャツ:Canaria Style/パンツ:IENA/ブレスレット:vintage、楽天/靴:ADAM ET ROPE

かごやレザーバッグと重ねて持つのも定番

ブラウンの布バッグがレディライクなチェーンバッグの甘さをセーブ。2つのバッグのトーンを合わせたこともポイント。
バッグ:ブランド不明/布バッグ:POOL いろいろの服

布バッグは単体で使うこともももちろんありますが、かごバッグやレザーバッグと「重ねて2個持ち」も私の定番。結果的には「ミニバッグに入りきらなかったものを入れる」という実用的なサポートにもなってはいますが、メインの理由はそこではなく、おしゃれのため！　たとえば黒のレザーバッグを単体で持つと少々強い印象になってしまいますが、布バッグを添えればゆるさが加わりぐっと柔和に。そして、同じバッグでも布バッグを変えればまた違う雰囲気に……。と、布バッグを味方にすればコーデの幅は無限です！

ベーシックなロゴの布バッグは、右のギンガムチェックより甘さは控えめ。コーディネートに合わせて、布バッグをチェンジ。
バッグ:HAYNI/布バッグ:URBAN RESEARCH DOORS

布バッグが、単体では印象が強い黒のレザーのバッグの緩衝役に。ギンガムチェックでもモノトーンなので甘すぎにはなりません。
バッグ:HAYNI/布バッグ:LOWRYS FARM

ビビッドなピンクの布バッグと個性的な形のミニバッグを合わせれば、よりポップな印象になります。
バッグ:ADD CULUMN/布バッグ:Lisa Says Gah

コンサバな雰囲気もあわせ持つ「エバゴス」にはレオパード柄で遊び心をプラス。ほどよいハズしで、コーデが軽やかになります。
バッグ:ebagos/布バッグ:LOWRYS FARM

item 003

足元にほどよい肌見せでコーデを軽快に

バレエシューズ

若い頃はヒールの靴ばかり履いていました。でも、やっぱり疲れてしまって、だんだん毎日履くことが苦痛に。加えて、カジュアル嗜好が強くなってくると好きな服とヒール靴が合わなくなってきて……。とはいえ、スニーカーだとちょっと重い。そんな私にちょうどよくフィットしたのがバレエシューズでした。

バレエシューズがスニーカーやローファーと大きく違うのは、足の甲の露出面が広いこと。肌が見える分、抜け感が生まれて軽やかな印象になります。そして、愛らしいフォルムでほどよい甘さが加えられるのもバレエシューズならでは！そのうえ、ぺたんこだから歩きやすく毎日履いても疲れません。

甘さと、抜け感と、歩きやすさ。私が求めている3つがそろったバレエシューズは、今や揺るぎない私の偏愛アイテムです。

白や黒などのベーシックなものから、アクセントになるビビッドカラー。ひとクセあるメタリックカラー、レオパード柄など気づけばたくさんのバリエーションを集めていました。デニムやカジュアルなパンツと相性がいいことはもちろんですが、レーススカートやワンピースとも合わせやすいし、私の手持ちのボトムスで合わないものは、今のところありません。

甘さ 10%

足元が白なら黒コーデが爽やかにまとまる

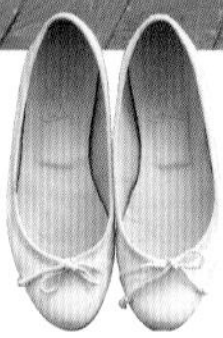

パキッと明るい白は、意外と指し色にもなります。黒のワントーンコーデにも白の靴を合わせることで、ぐっと爽やかな印象に。

靴:Pretty Ballerinas/ Tシャツ:無印良品/デニム:ZARA/ネックレス:Canaria accessory/ブレスレット:vintage、楽天/バッグ:ノーブランド

コーデをぐっと引き締めるビビッドなピンク

これはまさに私が求めていた色と形。リボンがなく、アーモンドトゥのつま先が甘くなりすぎず、キリっとしたピンクがコーデのポイントに。

靴:ZARA/コート:UNIQLO/カットソー:GAP/デニム:Deuxieme Classe/マフラー:vintage/ネックレス:Canaria accessory/バッグ:apart by lowrys/布バッグ:ORNE

ひとクセあるメタリックは
コーデのスパイスに

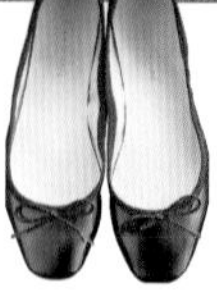

ただのブルーではなく、ひとクセあるメタリックのブルーが使いやすい！
何でも合わせやすくて、ブルーのデニムとも相性◎。

靴：ADAM ET ROPE／コート：Spick&Span／カットソー：GAP／デニム：Deuxieme Classe／ネックレス：Canaria accessory／ブレスレット：vintage、楽天／バッグ：ノーブランド

甘さ
30%

レオパード柄は
シンプルコーデのアクセントに

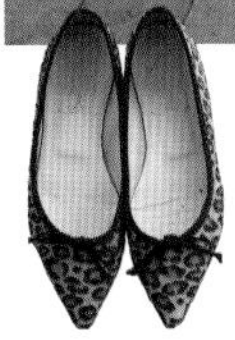

手持ちの中でもポインテッドトゥは少ないので修理しながら大事に使っています。柄物は、シンプルなコーデのアクセントに重宝。

靴:Pretty Ballerinas/ニット:JOURNAL STANDARD/スカート:Canaria Style/ストール:ノーブランド/ネックレス:ZARA/ブレスレット:vintage、楽天/バッグ:ノーブランド/タイツ:Tabio

item 004

ゴツくないから履ける！ 冬の足元の救世主

ハイカットスニーカー

私の鉄板シューズといえば、やっぱり「バレエシューズ」なのですが、どうしても冬になると素足では履けない。かといって靴下との合わせもしっくりこなくて。寒い季節を乗り越えるためには、どうしたらいいだろう……。そんなふうに困っていた私を救ってくれたのが、コンバースのハイカットスニーカーでした。

それまで、スニーカーは敬遠していたんです。足元が重くなってしまうし、メンズライクさも際立ってしまうし、どうもうまく履きこなせなくて。

でも、コンバースだったらゴツさもないし、シルエットもすっきりしていて、他とはちょっと違うかも？　そう思って試してみたところパンツにもスカートにも合わせやすく、バレエシューズを履くような感覚ですんなりコーディネートができました。それからというもの、コンバースのスニーカーが大好きに！

ローカットも嫌いではないのですが、パンツを履いたときに裾と靴の隙間のことを考えなくてすむハイカットのほうが私はタイプ。基本、ベーシックな白と黒の出番が多いですが、アクセントを加えたいときはピンクも活躍しています。

ただし、バレエシューズのような甘さは皆無なので、冬のコーデは足元以外のところで甘さをコントロールしています。

ビビッドなピンクはコーデのアクセントに

コーデにポイントをつくりたいときは、ピンクのコンバースが活躍。布バッグと色をリンクさせると、全体がまとまります。

靴:CONVERSE/ニット:ZARA/Tシャツ:Canaria Style/パンツ:GU/ネックレス:Canaria accessory/ブレスレット:vintage、楽天/バッグ:ADD CULUMN/布バッグ:Lisa Says Gah

甘さをおさえたいときは黒のスニーカーが活躍

甘さ 40%

基本冬の出番が多いですが、夏に活躍することも。カジュアル感を強めたいときは、バレエシューズではなくスニーカーをセレクト。

靴:CONVERSE/スウェット:無印良品(メンズ)/スカート:Canaria Style/ブレスレット:楽天/バッグ:HAYNI

デニムコーデには白のスニーカーで抜け感を

甘さ 10%

デニムにゴツめのスニーカーを合わせるとメンズライクな印象が強くなってしまいますが、コンバースならすっきりとまとまります。

靴:CONVERSE/コート:Demi-Luxe BEAMS/ニット:Canaria Style/Tシャツ:Canaria Style/デニム:ZARA/ネックレス:Canaria accessory/ブレスレット:vintage、楽天

item 005

カジュアルとは真逆のアイテムが格上げ役

パールネックレス

パールネックレスは単体で見ればカジュアル度はゼロ。どちらかといえば、きれいめやフォーマルのイメージで、カジュアルとはいちばん遠い存在ではないでしょうか。でも、私にとってパールネックレスは、カジュアルになればなるほどなくてはならないアイテムなのです。

カジュアルコーデはそのラフさやボーイッシュさなどが魅力ですが、崩しすぎてしまうと、子どもっぽくなったり、だらしない印象にもなりかねません。そうならないために私が意識していることが、コーデのどこかに「きれいめ」「きちんと感」「甘さ」などをもつアイテムをさりげなくプラスすること。そういった要素を加えることで、抜け感やラフさがありながらも、どことなく上品で、可愛い。大人にふさわしいカジュアルコーデになると思います。

かごバッグやバレエシューズも、そういったテイストを加えてくれる頼れるアイテムですが、パールネックレスもまた、それらに並ぶ大事な存在。特にカジュアル度100%のボーダーやロゴTなどを着るときには力を発揮。パールネックレスをひとつ添えればぐっと女性らしく、大人っぽくなります。手のひらにも満たない小さなアイテムですが、あるとないとではぜんぜん違うのです。

パールなら甘さと、上品の両方がかなう

パールネックレスの魅力は、甘さも上品さもきちんと感も兼ね備えているところ。ひとつ添えれば凛とした雰囲気も出るし、可愛らしさも加わります。

ゴールドやシルバーのアクセサリーも大好きですが、私のカジュアルコーデのキーワードでもある「甘さ」を加えたいときは、やっぱりパールの出番です。

私がシンプルなカジュアルトップスによく合わせるのは、不ぞろいなパールを使ったショートネックレス。Tシャツやカットソー、ニットなどにはこれくらいコンパクトなほうがバランスよくまとまります。

ちなみに、パールのショートネックレスはVネックよりもクルーネックがおすすめです。鎖骨まで出るVネックだと、パールが肌の上にのるからかパールの甘さが悪目立ちするような気がしてどうも落ち着きません。服の上にパールがのるクルーネックのほうが甘くなりすぎずにまとまる気がしています。

Tシャツやカットソーには、基本ショートタイプを。襟元に白のアクセントがあると顔まわりも、明るく華やかになります。
ネックレス：Canaria accessory

甘さを足したくないときはゴールドアクセの出番

ゴールドアクセは肌なじみがいいところもポイント。肌になじみながらも、キラッとした艶がコーデに華やかさを与えてくれます。
ネックレス：ブランド不明／ブレスレット：楽天、vintage

比較的パールの出番が多いもののゴールドアクセも欠かせません。

パールは甘さを足す役割をしてくれますがゴールドアクセは、「甘さは足したくないけれどノーアクセではさみしい」「甘さは足さずにきれいめな要素だけを足したい」というときに頼れる存在。

たとえば甘さ100％のコーデにパールを合わせれば当然甘すぎてしまいますが、ゴールドアクセなら甘さはそのままに華やかさやきちんと感を加えられます。コーデ全体の甘さのバランスを考えながらパールとゴールドを使いわけています。

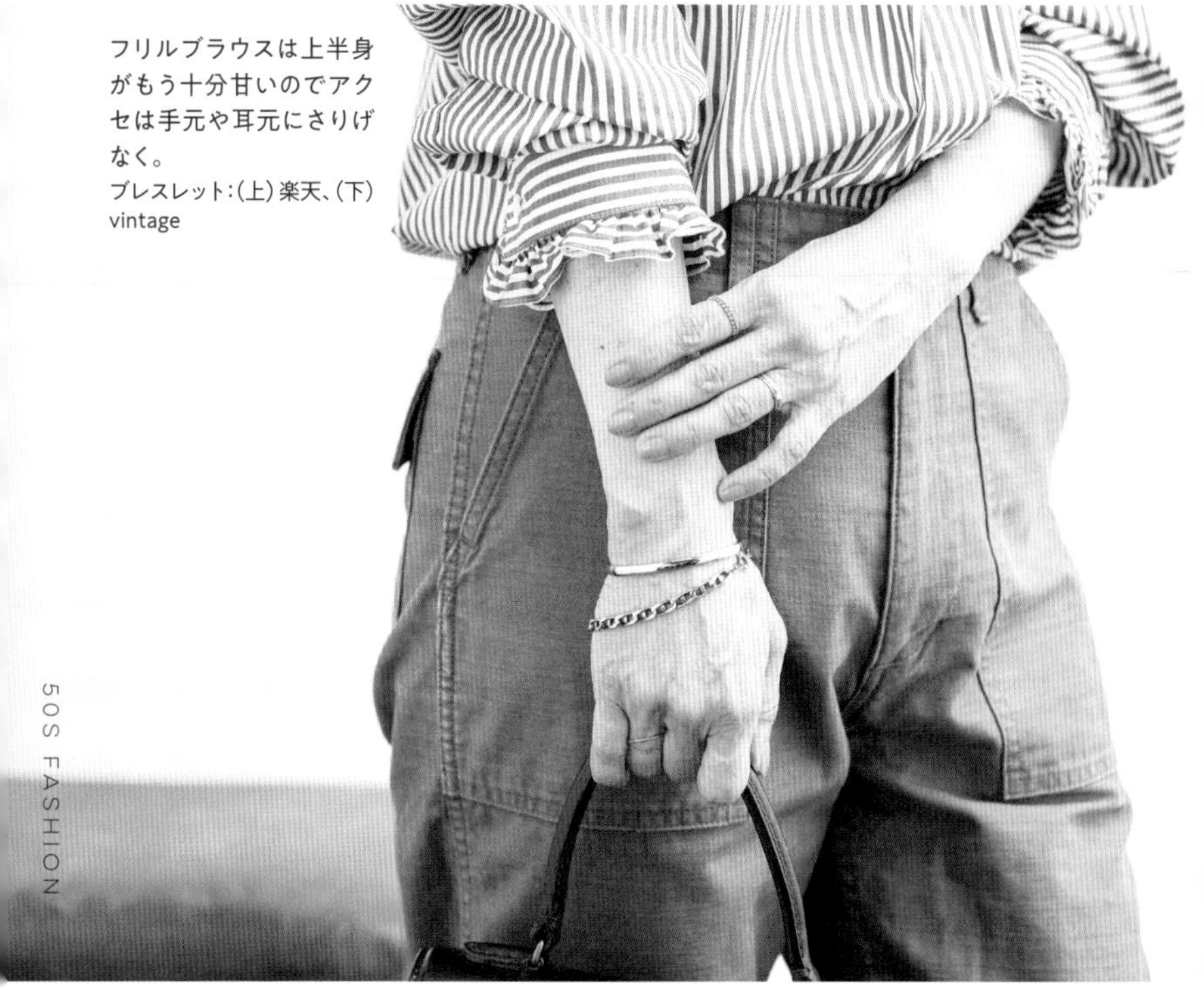

フリルブラウスは上半身がもう十分甘いのでアクセは手元や耳元にさりげなく。
ブレスレット:(上)楽天、(下)vintage

夏はウッドアクセも活躍!

夏はウッドのバングルなどもよく使います。茶系のバングルを使うときは足元や小物を同色にすることが多いです。
バングル:Canaria accessory

ボーダーを肩かけすれば コーデのアクセントに

服は着るだけじゃなく、肩にかけて小物として活用することもよくあります。特に活躍してくれるのがP21でも着用した無印良品のボーダーカットソー。シンプルなモノトーンコーデもこのボーダーをさっと肩がけすればそれだけで雰囲気が一変。着こなしにリズムが生まれるし、上半身にポイントができると顔まわりもぐっと華やかな雰囲気に！

じつはこのカットソーは生地もポイント。やわらかくて薄手な生地なので肩のラインにすっとなじんでくれるし、結び目もきれいにつくることができます。これが硬い生地だとゴワついてしまって、巻き心地も見た目もしっくりきません。着てよし、かけてよし。本当に優秀な1枚です！

こんなふうにボーダーをアクセ感覚で使うとコーデの幅が広がるし、おしゃれも一段階楽しくなると思います。

結び目は体の中心より、少し横にずらした位置につくるほうがこなれた雰囲気に。やわらかい生地なので自分好みの場所で結びやすいです。

肩かけのボーダー:無印良品／Tシャツ:Shinzone/サロペット:GU/ネックレス:Canaria accessory/ブレスレット:楽天／バッグ:ebagos/靴:Pretty Ballerinas

PLUS TECHNIQUE

冬は赤マフラーをアクセ感覚で使う

もうかれこれ10年以上愛用している赤いチェック柄のマフラーも、私のカジュアルコーデの必需品。毎年、シーズンが到来するのを楽しみにしていて、本当に出番の多いアイテムです。

出番が多い理由は、巻かなくても、いい働きをしてくれるから。首元にキュッと巻けば防寒になるし、その雰囲気も好きなのですが、私はワンハンドルのかごバッグに入れたり、レザーのバッグにさりげなくかけたり、手で持つだけなんてことも。それだけでも全体がぱっと明るくなるし、コーデのよいポイントになってくれます。

コンパクトなサイズ感も使いやすい理由のひとつです。大判のストールだとすっぽりバッグに入らないし、持ったときにもたついてしまいます。大判のストールも大好きですが、アクセとしても使うにはマフラーサイズが便利です。

甘さ
20%
巻かなくても
コーデの
アクセントに

タータンチェックは大好きな柄。これは赤の中にさりげなく寒色のブルーが入っているところもポイント。大人っぽい色使いに惹かれます。

マフラー:ブランド不明/トップス:ZARA/パンツ:Canaria Style/Tシャツ:Canaria Style/ネックレス:Canaria accessory/バッグ:menui/靴:Pretty Ballerinas

PLUS TECHNIQUE

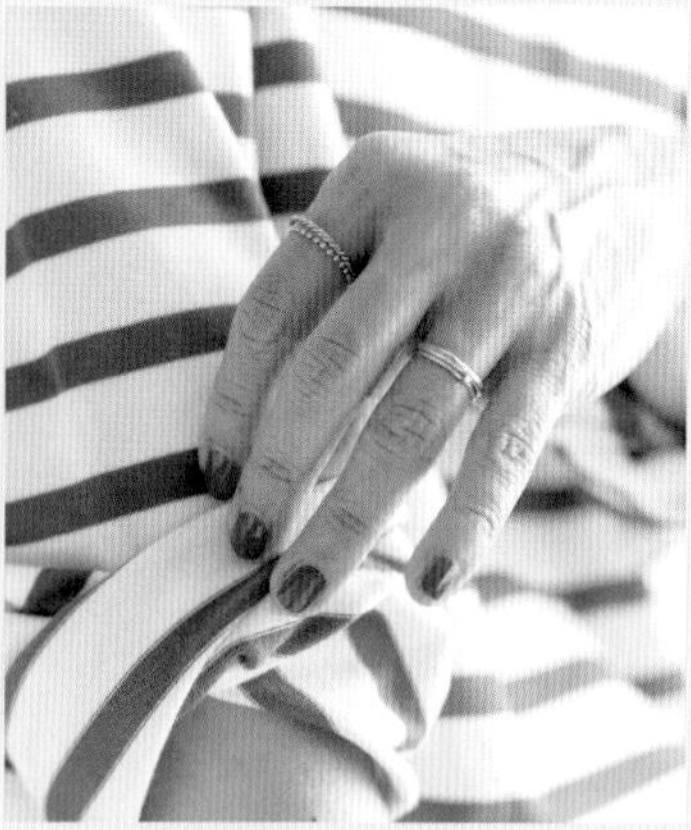

ネイルは気軽に冒険色を遊べるアクセサリー

「ちょっとコーデがさみしい」というときは、布バッグやマフラーなどでアクセントを加えたりしますが、ネイルで色艶を足すのも私の好きな方法です。ネイルはほんの小さなエリアですが意外と存在感があって、ネイルの色ひとつで手元まわりの雰囲気も気分も変わります。それから、服ではちょっと勇気がいる色もネイルなら取り入れやすいですよね。ネイルは冒険色も気軽に遊べる、アクセサリーだと思います。

　ネイルを軸にコーデを考えることも。「今日は赤いネイルにしたいから服はベーシックに」というように、ときにネイルは私のコーデの立役者にもなります。

CASUAL COORDINATE BOOK

CHAPTER 3

大人のカジュアルを素敵に見せる
色の使い方、楽しみ方

好きな色こそ、似合う色。大人だからこそ、きれい色も楽しみたい

私は、20代の頃からピンクや赤など明るいカラーのアイテムが大好きで、50代になった今もその嗜好は変わりません。だから、私のワードローブには、赤、ピンク、グリーン、イエロー、パープル……などのカラーアイテムがたくさん。日々のコーデにも欠かせない存在です。

でも、同年代の方たちからは「この年で明るい色は、人目が気になる」「好きだけど、さすがにもうピンクは着られない」なんて言葉もよく耳にします。

P12でもお伝えしましたが、色に年齢制限はありません。年を重ねたから、着てはいけない色なんてないと思っています。

それに、色の力ってすごく大きくて、好きな色を身につければそれだけで気分が上がるし、フットワークも軽くなります。なんだか気持ちがモヤっとするときも、好きな色を着ると気持ちが晴れやかになります。

そんな偉大なパワーがある色を、「年だしもう着られない」と決めつけて避けてしまうなんて、本当にもったいないですよね。

それから、「好きだけど似合わない」「似合う色がわからない」という声も耳にしますが、好きな色ならば、それだけで似合う色だし、「好きな色こそが、似合う色」だと思います。好きな色を着て、自由におしゃれを楽しむ！　それが何よりです。

私は、ピンクが着たいと思えばピンクを着ますし、黒が着たいと思えば黒を着ます。自分の気持ちに素直に従って、「着たい色を着る」ことがポリシー。そして、明るい色が大好きですが、黒や白などのベーシックなカラーも大好きです。この章では、私のコーデに欠かせない大好きな色とその色を着こなすときに意識していることをお伝えしていきます。

色によって雰囲気はガラリと変わるし、たとえばピンクひとつとっても、その種類はいろいろ。トーンなどが変われば雰囲気も変わります。カラーは苦手、自分には似合わないと思っている方も、ぜひ挑戦してみてください。

BASIC
ベーシックカラーコーデ

ZARAで購入したニットは、ざっくりとした網目がニュアンスを加えてくれます。ダボつかないコンパクトなサイズ感もポイント。

ニット:ZARA/デニム:GU/バッグ:ebagos/靴:CONVERSE

洗練されたやさしいムードがベーシックの強み

ベーシックというと、無難な色とも言われますが、それは安心感と安定感の裏返し。どんな色も受け入れてくれるし、どんなシーンでも対応できる頼れる存在。それに、シックな雰囲気とか、洗練されたムードとか……。鮮やかな色のコーデでは出せないこういった空気感も、ベーシックの魅力です。

コーデを組むときは上下違うベーシックカラーで合わせることももちろんありますが、あえて同じ色にすることも多いです。色をそろえるとセットアップのような雰囲気が出て新鮮だし、縦のシルエットが強調されてすっきりとまとまる気がしています。そして、同色のときは「同じ素材」のものを組み合わせるよりも、「違う素材」のものを組み合わせるようにしています。そのほうが重くなりすぎないし、素材の違いから生まれる陰影がコーデに奥行きをもたせてくれるのでのっぺりもしません。

シンプルなグレーのワントーンは、トップスの裾からのぞかせた白がポイント。このわずかな白がコーデにメリハリを生んでくれます。

ニット:無印良品（メンズ）/Tシャツ:Canaria Style/パンツ:ZARA/ストール:Lapuan Kankurit/ネックレス:Canaria accessory/ブレスレット:vintage、楽天/バッグ:apart by lowrys/靴:CONVERSE

黒×ベージュのシックなコーデ。服の色ともリンクする黒×ベージュのバッグをつなぎ役として使い、コーデに一体感をもたせました。

コート:Mila Owen/ニット:ZARA/Tシャツ:Canaria Style/パンツ:GU/マフラー:vintage/ネックレス:Canaria accessory/バッグ:ebagos/靴:CONVERSE

コートはグレーの中に白が混じった絶妙な色味がお気に入り。かっちりした印象のコートなので、スニーカーでゆるさをプラスしました。
コート:vintage/トップス:ZARA/デニム:GU/マフラー:Deuxieme Classe/バッグ:ORNE/靴:CONVERSE

シックな色でまとめたワントーンコーデも、スカートにディテールがあるので華やか。小物はブラウンでまとめて統一感を。
Tシャツ:GU/スカート:ノーブランド/バングル:雑貨屋で購入/ブレスレット:vintage、楽天/バッグ:POOL いろいろの服/靴:GAP

MONOTONE

モノトーンコーデ

ストールで白をプラスして黒のクールさをマイナス。胸元にパールネックレスを飾り、さりげなく甘さも加えます。

コート:TOMORROW LAND（メンズ）/ニットZARA/Tシャツ:CanariaStyle/パンツ:Canaria Style/ネックレス:Canaria accessory/バッグ:ebagos/ストール:Deuxieme Classe/靴:CONVERSE

抜群の存在感と安定感でさっと着てサマになる

Ｐ21の白黒のボーダー×ブラックデニムもそうですが、モノトーンコーデは季節問わず私の鉄板。白、黒、それぞれ単体でもよさがありますが、２色が組み合わさるとまた独特の世界観が生まれます。そして、白と黒の分量で雰囲気がガラリと変わるのもモノトーンの魅力。黒が多くなればクールな印象が強くなるし、白が多くなれば軽やかになる……。白と黒が同じくらいだと、メリハリが際立ってキリっとしてきます。至極ベーシックな２色ですが、少しの分量の違いで表情がどんどん変わっていくのもおもしろいところです。

ただ、キリっとしすぎると強い印象になってしまうし、きれいにまとまりすぎるとかしこまったイメージに。そういった雰囲気をほどよくおさえてくれるのが、スニーカーや布バッグなどラフな小物です。加えるスニーカーやバッグも白や黒を選べば、モノトーンの世界観をそのままに適度な崩しを加えられます。

他の色を一切入れずに白黒で潔くシンプルにまとめた辛口コーデ。小ぶりのバッグがほんの少しだけ甘さを加えてくれます。

Tシャツ:Canaria Style/デニム:ZARA/バッグ:PETA + JAIN/靴:GU

白と黒が同量くらいになるとメリハリが強まりキリっとした印象に。スニーカーと布バッグで適度に崩すのがマイルール。

コート:TOMORROW LAND(メンズ)/ニット:ZARA/Tシャツ:Canaria Style/デニム:GU/マフラー:ブランド不明/ネックレス:Canaria accessory/ブレスレット:vintage、楽天/バッグ:ebagos/布バッグ:ORNE/靴:CONVERSE

モノトーンでも、ゆるっとしたシルエットなのでかっちりしすぎません。ボーダー柄のバッグが、コーデのアクセントに。

カットソー:FREAK'S STORE/スカート:無印良品/バッグ:バッグ購入時に入れてもらったもの/ブレスレット:vintage、楽天/靴:Havaianas

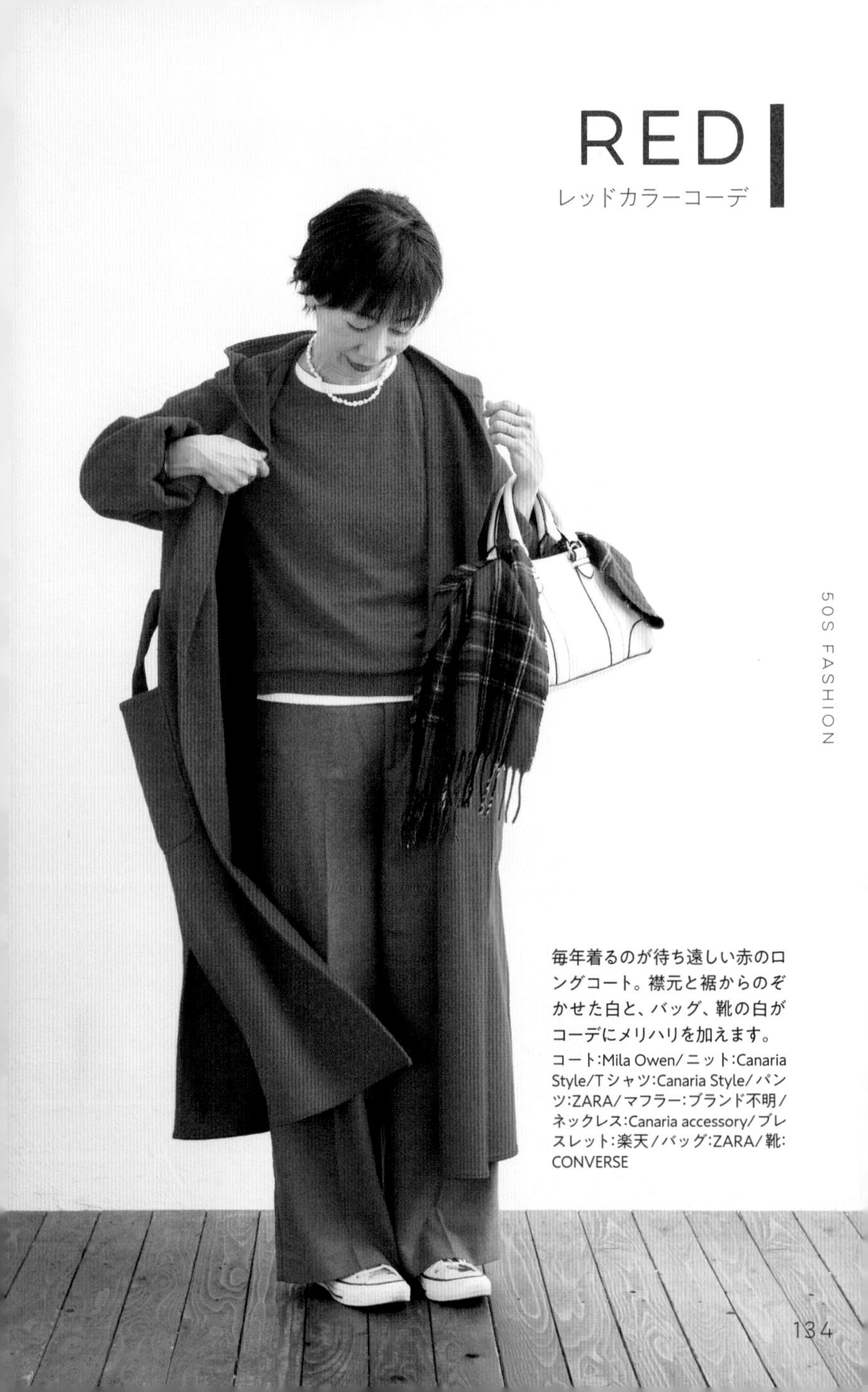

RED

レッドカラーコーデ

毎年着るのが待ち遠しい赤のロングコート。襟元と裾からのぞかせた白と、バッグ、靴の白がコーデにメリハリを加えます。

コート:Mila Owen/ニット:Canaria Style/Tシャツ:Canaria Style/パンツ:ZARA/マフラー:ブランド不明/ネックレス:Canaria accessory/ブレスレット:楽天/バッグ:ZARA/靴:CONVERSE

生命力あふれる赤は大人をとびきり素敵に見せる

赤は、冬になると一層着たくなる色。鮮やかな赤のコート、ニット、スカート、マフラー。どれもこれも、毎年出番を楽しみにしているアイテムです。

年を重ねるとなおさら、「赤」に抵抗感を覚えてしまう方もいるかもしれません。たしかに最初は勇気がいる色かもしれないですが、袖を通してみると意外とすんなり受け入れられるんじゃないかなと思うのです。というのも、やっぱり赤をまとうと全体がぱっと明るくなるし、顔映りも抜群によくなる。そして、身につけたときに目に入ってくるだけでも、自然と元気になれる気がします。そんな赤のパワーに頼らないなんてもったいない！と思います。いきなりコートはハードルが高いかもしれないので、まずは面積が小さいマフラーやニットなどから挑戦してみませんか？　それから赤は、黒白はもちろん、グレーやベージュ、デニムなどとも好相性。意外に合わせる色を選ばないところも魅力です。

真っ赤なスカートは、真っ白よりもやや黄みがかった白のほうがなじみやすいです。大きめなバッグで、カジュアル感を高めて。

スウェット:無印良品/スカート:GU/ネックレス:ZARA/バッグ:HAYNI/靴:ヒラキ

暗くなりがちな冬のコーデを華やかにしてくれる赤ニット。首元にチェック柄のマフラーを巻けば、顔映りもさらによくなります！

ニット:Canaria Style/Tシャツ:Canaria Style/スカート:GAP/マフラー:ブランド不明/ブレスレット:楽天/バッグ:HAYNI/布バッグ:URBAN RESEARCH DOORS/タイツ:無印良品/靴:ZARA

落ち着いたブラウンが、鮮やかな赤の主張をほどよくセーブ。きれいめになりすぎないように布バッグをプラス。

ニット:無印良品/スカート:GU/マフラー:ブランド不明/バッグ:ノーブランド/布バッグ:POOL いろいろの服/靴:Pretty Ballerinas

トップスのインからさりげなくのぞかせた白がポイント。白が、赤×黒のキリっとした印象をやわらげてくれます。さりげない抜け感が、コーデをまとめます。

コート:Mila Owen/ニット:ZARA/Tシャツ:Canaria Style/パンツ:Canaria Style/マフラー:ブランド不明/ネックレス:Canaria accessory/バッグ:Gomyomarche/靴:CONVERSE

PINK
ピンクカラーコーデ

小物はかごバッグやパールだと甘さが強くなってしまうので、クールなゴールドネックレスと、レザーバッグを選択。

Tシャツ:無印良品(メンズ) / スカート:ノーブランド / ネックレス:ZARA / ブレスレット:vintage、楽天 / バッグ:HAYNI / 靴:GAP

ピンクこそ大人の魅力を引き立てる色

ボーイッシュなTシャツやデニムも、きれいめなパンツも……。どんなアイテムもたちまち大人可愛いコーデにしてしまうのが、ピンクのパワー。私は今も昔もピンクが大好き。視界に入るだけでも気分が上がります！

ときどき、「この年ではピンクは着られない」という声も耳にしますが、年齢で着られないと決めつけるなんてもったいない。それに一口にピンクといっても、鮮やかなピンクから淡いピンクまでいろいろ。ひとつ試着して「似合わない」と思っても、トーンや色の濃さなどが違うものを合わせてみると、しっくりくることも。ピンクは色の幅が広いので、いろいろ試してみると自分にマッチするピンクがきっと見つかるはず。ピンクに苦手意識がある人は、赤コーデと同様に面積の小さいバッグやシューズなどの小物、視界に入りやすいネイルなどから始めてみるのがおすすめです。

赤×ピンクの甘い組み合わせなので、足元は辛口のレオパード柄をチョイス。甘さのあるピンクもスカートなら取り入れやすいです。

ニット:ZARA/スカート:POOL いろいろの服/ブレスレット:vintage、楽天/バッグ:ノーブランド/靴:Pretty Ballerinas

ピンクのカーディガン×カラーパンツで春らしい色合わせに。淡いピンクなら、コーデ全体がやさしい雰囲気にまとまります。

カーディガン:URBAN RESEARCH/カットソー:GAP/パンツ:SALON ADAM ET ROPE/ネックレス:ZARA/バッグ:HAYNI/靴:Odette e Odile

シャツのきちんと感がピンクの甘さをセーブ。コンサバになりがちなシャツは、ラフさが残るオーバーサイズを選びました。

シャツ:Spick&Span/パンツ:IENA/ネックレス:Canaria accessory/ブレスレット:楽天/バッグ:HAYNI/布バッグ:URBAN RESEARCH DOORS/靴:Pretty Ballerinas

GREEN

グリーンカラーコーデ

グリーンアイテムの中でも活躍度が高いのがカーキのベイカーパンツ。抹茶色のニットとブラウン小物を合わせてシックな装いに。

ニット:JOURNAL STANDARD/Tシャツ:Canaria Style/パンツ:Plage/ネックレス:Canaria accessory/ブレスレット:vintage、楽天/ストール:ノーブランド/バッグ:ノーブランド/靴:kurun TOKYO

軽すぎず、重すぎず。グリーンがあるとコーデの幅が広がる

派手じゃないけど、地味じゃない。重くないし、軽すぎない。甘すぎず、クールすぎず……。そんなほどよい立ち位置にいるのがグリーンです。

あまりなじみがない、手を出したことがないという方もいるかもしれませんが、じつはとても使い勝手がよいカラー。ベーシックな色ともすんなりマッチするし、悪目立ちもしないので、カラーアイテムに苦手意識がある方でも取り入れやすいと思います。

私も、1年を通して楽しんでいる色のひとつ。深みのあるグリーンは上品な印象に決まるし、淡めのグリーンは爽やかさがあって春夏にぴったり。それからグリーン同士でワントーンにしたり、グリーンの柄ものを取り入れたり……。そういったちょっとした変化球を簡単に取り入れやすいのもグリーンの魅力。グリーンが好きになると、着こなしの幅が広がります。

グリーンの柄のパンツは、ベージュや白などのベーシックな色はもちろん、オレンジなど明るい色のトップスと合わせることも。

Tシャツ:GU/パンツ:ZARA/ネックレス:ZARA/バングル:LOWRYS FARM/ブレスレット:vintage、楽天/バッグ:flea store vegetal/靴:GAP

グリーンのワントーンコーデは、新緑の季節にぴったり。ボーイッシュなアイテム同士の組み合わせなので、白小物とパールで甘さをプラス。

カットソー:Saint James/パンツ:Plage/ネックレス:Canaria accessory/ブレスレット:vintage、楽天/バッグ:ZARA/靴:Pretty Ballerinas

夏の定番、シンプルなTシャツとスカートのワンツーコーデも、グリーンのブロックチェックスカートで鮮度がぐっとアップ。

Tシャツ:American Apparel/スカート:vintage/ネックレス:ZARA/ブレスレット:vintage、楽天/バッグ:apart by lowrys/布バッグ:APC(ムック本の付録)/靴:CITEN

PURPLE

同色のTシャツとスカートでセットアップ風に。きれいにまとまりすぎないように、くたっとしたカジュアル度高めのバッグをプラス。

Tシャツ:BEAUTY&YOUTH/スカート:ノーブランド/バングル:Canaria accessory/バッグ:coca/靴:GAP

BLUE

ブルーのワントーンコーデにはデニムが活躍。冬は濃いブルーデニムを選びますが、夏は淡いブルーが定番。Tシャツを組み合わせて軽やかに。

Tシャツ:ZARA/デニム:ZARA/ブレスレット:vintage、楽天/バッグ:Gomyomarche/靴:Birkenstock

YELLOW

イエローでもくすんだ色味なので、大人っぽくまとまります。網目に存在感のあるバッグがシンプルなコーデのアクセント。

トップス:無印良品/スカート:無印良品/ネックレス:ZARA/バッグ:ZARA/靴:Birkenstock

CASUAL COORDINATE BOOK

CHAPTER 4

“しっくりこない”“あか抜けない“は

着こなしで解決できる!

着るのをあきらめるのではなく着方、選び方を変えてみる

着てみたものの、なんだかしっくりこない。太って見える、似合わない……。そんなことがあると、「年のせい」とか「若い子にしか似合わない」なんて思ってしまうこともあるかもしれません。

もちろん体形の変化によって、「これまでのもの」がしっくりこなくなることもあります。だからといって、おしゃれをあきらめる必要はないし、着方をひと工夫したり、選び方を少し変えたりすれば、「着たいアイテム」は年齢に関係なく着こなせます。

たとえば、私だったらVネックのニット。昔は気に入って着ていたけれど、年齢を重ねて胸元がやせてくるとどうも似合いません……。でも、ニットをあきらめるのではなくて、クルーネックを選ぶようにしたら、おしゃれの幅はこれまで以上に広がりました。

ほかにも、コーデにメリハリがない、まとまらない、ウエストがすっきりしない、なんだかあか抜けない、何か物足らない……。私自身もこういったことがありますが、着こなしにひと工夫を加えれば意外と簡単に解決！

たとえばメリハリがないときは、襟元から白いＴシャツをのぞかせればメリハリ感は画期的にアップ。トップスの裾をパンツにラフにインするだけで、ウエストもすっきりします。また、袖をちょっと折るだけで、コーデのバランスがよくなります。

こういったほんのちょっとの工夫でコーデは劇的に変化するから不思議です。そしてコーデを素敵に見せるコツや、あか抜けのコツなどがわかってくるとおしゃれの幅はどんどん広がるし、いろいろ挑戦してみたくなるし、ますます楽しくなっていきます。

この章では、ふだん私が実践している、おしゃれに見せるほんのひと工夫をご紹介します。どれもすぐにできる簡単なことばかりです。

「似合わない」などと決めつけて着ることをあきらめる前に、ぜひ実践してみてください。

IDEA❶

メリハリがないときは襟元から白を1センチ

なんだかのっぺりしてしまう、メリハリがなくてコーデが決まらない……。冬のシンプルなニットコーデなどでは、こういったことがあります。そんなときに私が加えるひと工夫は、トップスのインに白のTシャツを仕込むこと。そして、襟元と裾から白をのぞかせます。見せる白の量はほんの1センチで十分。たったこれだけの白ですが、コーデにメリハリやリズムを劇的に生んでくれます。

特に、上下ともに黒とか、ともにグレーなどワンカラーでまとめたコーデのときは大きな効果を発揮。首元から足元まで同色でつながっていると、アイテム次第では間延びした印象になってしまうことがありますが、わずかな白のラインを首元とウエストに加えることでコーデがぐっと締まって見えるし、全体のバランスもよくなります。

仕込むTシャツの色は生成りなどではなく真っ白がおすすめ。そのほうがメリハリを出すにも効果的ですし、顔映りもよくなります。それからインに着るので大きすぎたり、ゴワゴワしたりしないことも大事です。

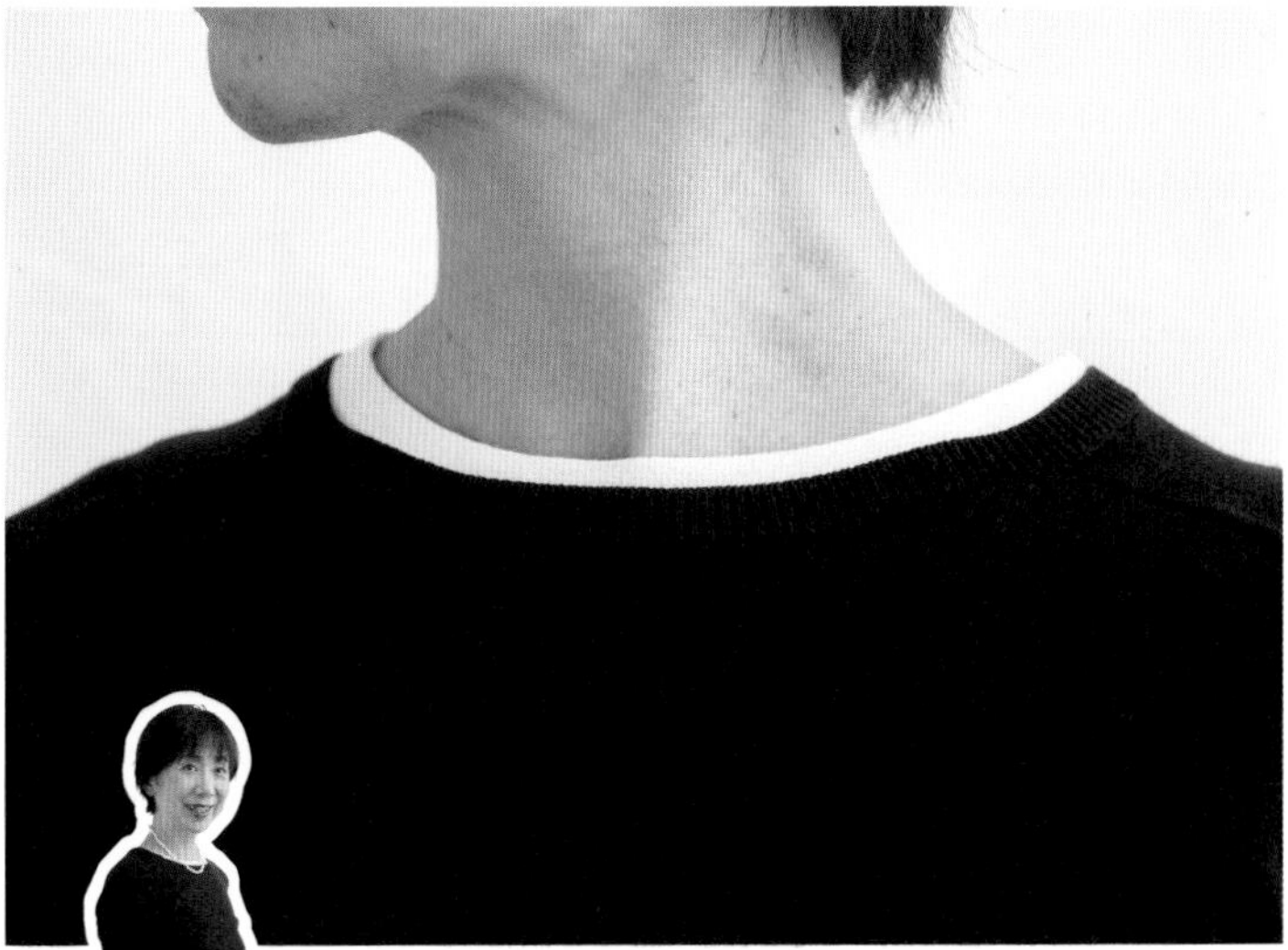

わずかな白ですが、メリハリ効果は抜群

ほんの少し白をのぞかせればOK。全身黒だけでまとめたコーデはこの白がないと間延びした印象になってしまいます。

着用アイテムはP121と同じ

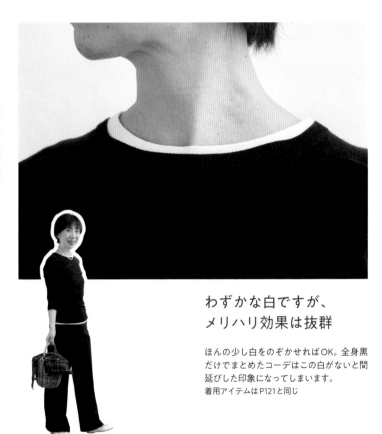

IDEA 2

胸やせが目立たないのはVネックよりクルーネック

昔はVネックのニットも好きで頻繁に着ていました。でも、大人になるにつれ、どうもしっくりこなくなったのです。

その原因は、年齢とともに変わってきた胸まわりのシルエット。

年を重ねるとどうしても胸元がやせてきてしまいますが、鎖骨が見えるくらい大きく開いたVネックだと、上半身がやせている私の場合、胸やせが目立ってしまいます。すると、不健康だったり貧弱に見えてしまったりするんです。シャツのようにハリや立体感がある生地のものならば、やせた胸元があまり気にならないのですが、ニットやTシャツなどやわらかい素材のものは強調されてしまう気がしています。だから今はクルーネックが中心。特にニットは、襟ぐりが大きく開くVネックよりも、首にフィットするクルーネックのほうが着ていて落ち着くし、健康的な印象に見せてくれます。それから、私のコーデに欠かせないパールのショートネックレスもクルーネックのほうが好相性。つけたときにパールが肌の上にのるVネックより、服の上にのるクルーネックのほうが甘くなりすぎずにまとまります。

V NECK

Vネックは胸やせが目立ってしまう

鎖骨が見える大きな開きのVネックはどうしても、胸のやせ感が目立ってしまうので、今はもう着用していません。

CREW NECK

クルーネックだと、健康的に見える！

Tシャツは少し開きが大きいものもありますが、ニットは首にフィットするタイプが定番。首まわりが詰まっているほうが健康的に見えます。

IDEA❸

服のサイズは体格ではなくどう着たいかで選ぶ

「自分は身長や体格的にＭ」。などと、「自分の服のサイズ」を決めていて、いつもそのサイズを買うという方は多いのではないでしょうか。でも、服のサイズは自分の体格よりもどう着たいかで選ぶほうが、理想的なものに出合えると思います。

なので、私には決まったサイズはなく服によってバラバラです。手持ちにはＳサイズもあればＸＬの服もあるし、メンズのＳやＭもあります。ＸＬなんて聞くとダボダボなのでは？と思いますよね。もちろんコンパクトなものを求めているのにＸＬを選んだらイメージと違ってしまうけれど、ゆったり着たいのにジャストサイズを選んだらそれもイメージと違います。たとえばＰ68で着用したカットソーはメンズのＭ。体にフィットするレディースのＭは私好みではなかったけど、サイズを上げていったら、ゆるっとしたお気に入りに出合えました。

私はトップスもボトムスも必ずサイズ違いをいくつか試着。ひとつのサイズを試着して「いいかも」と思ったときでも、ワンサイズ上や下も試します。すると「もっといい」に出合えることもあります。

大きすぎると思うサイズが しっくりくることも！

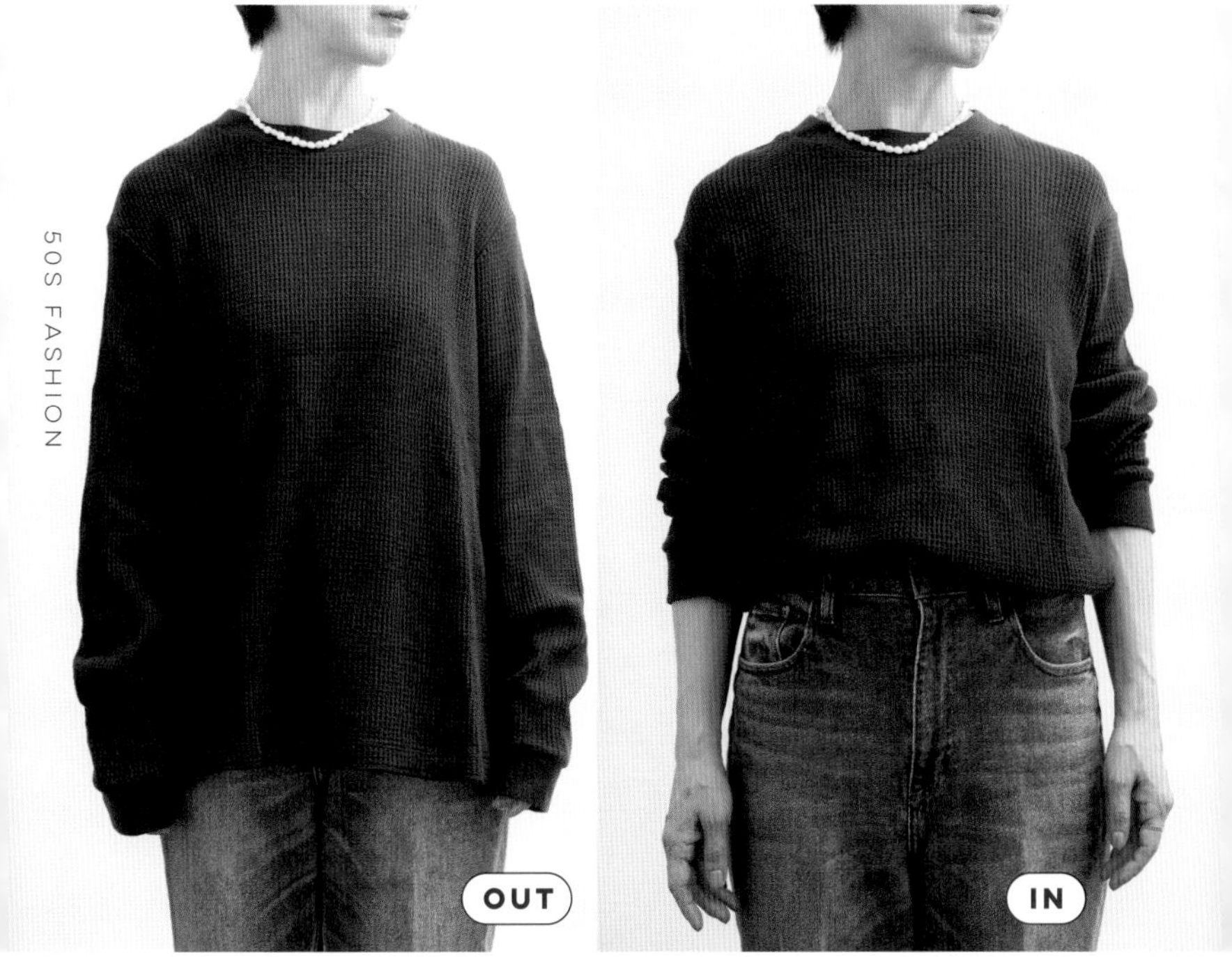

カットソーはメンズのMサイズ。体格に対して大きめですが、ウエストをインしたときにもゆるっとした感じを残すにはこのサイズがちょうどいい！
着用アイテムはP68と同じ

IDEA 4

トップスのインは無造作な「へ」にするとすっきり

たとえばデニムにダボっとしたカットソーを合わせると、なんだか寸胴に見えたり、脚が短く見えたりしてしまいます。それを回避するのに有効なのが、トップスの裾をボトムにインすること。

インすることでトップスの丈がコンパクトになれば、その分、脚の縦の面積が大きくなります。それによって脚長に見えるし、全体のバランスもよくなります。

でも、インはしたものの、なんとなくしっくりこない。なんだかあか抜けない……ということがありませんか？　そんなときの私のおすすめは、裾を無造作な「へ」の字にすることです。裾のラインが右から左までまっすぐ一直線になっていると、上下がパキッと分かれすぎてしまい、あか抜けない印象が残ってしまう気がします。そこで、左右のどちらかを長めに出して、あえて無造作な「へ」の字にしてみてください（「へ」の向きはどちらでもOK）。自然なうえに、ウエストまわりもすっきり見えます。ちなみに私は、トップスをインがしやすいように少し大きいサイズのパンツを買うことが多いです。

△

裾を出したままだと寸胴に見える…

△

裾のラインがまっすぐだとあか抜けない…

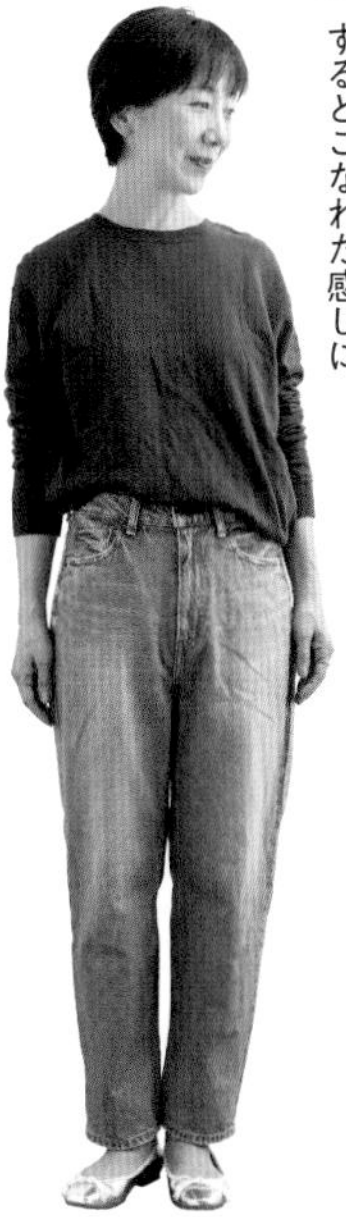

◎

裾のラインを「へ」の字にするとこなれた感じに

HOW TO

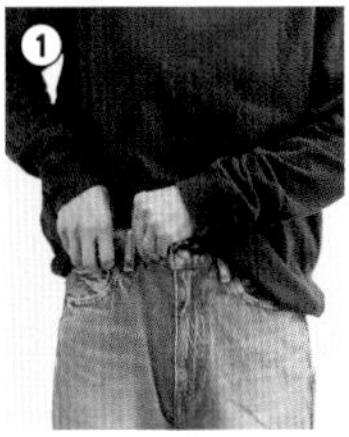

裾をボトムスに軽く入れ込む。中央ではなく左右どちらかから入れていくとやりやすい。

入れた裾部分が出てこないように押さえながら、裾をまっすぐではなく、無造作な「へ」の字に調整する。

IDEA❺

スウェットの部屋着感は甘い小物とウエストインで払拭

P65でもお伝えしたように、スウェットはカジュアルスタイルの強い味方！ 甘さが強いコーデに簡単にラフさを加えられるし、着ていてもラク。私のコーデでも出番の多いアイテムです。

とはいえ、やっぱり部屋着感が気になる……という方もいますよね。

スウェットが部屋着になるか、お出かけ着になるかは着こなし次第。ですが、お出かけ着にするやり方は簡単です！

実際、私も部屋ではスウェット×デニムのラフなスタイルでいることはよくありますが、バサッと着ているとやっぱり部屋着感は満載。なので、近所やちょっとそこまで出かけるときでも、そのままでは気乗りしません。とはいえ、着替えるのもちょっと面倒……。

そんなときに助けてくれるのが、甘さやきちんと感のある小物です。まず、P157のやり方でトップスの裾は、「へ」の字にボトムスにイン。そして、パールネックレスとバレエシューズをプラス。

同じ服なのに、たったこれだけで劇的に変化。3ステップで部屋着感が払拭できて、あっという間にお出かけスタイルが完成です！

AFTER

お出かけ仕様に一変！

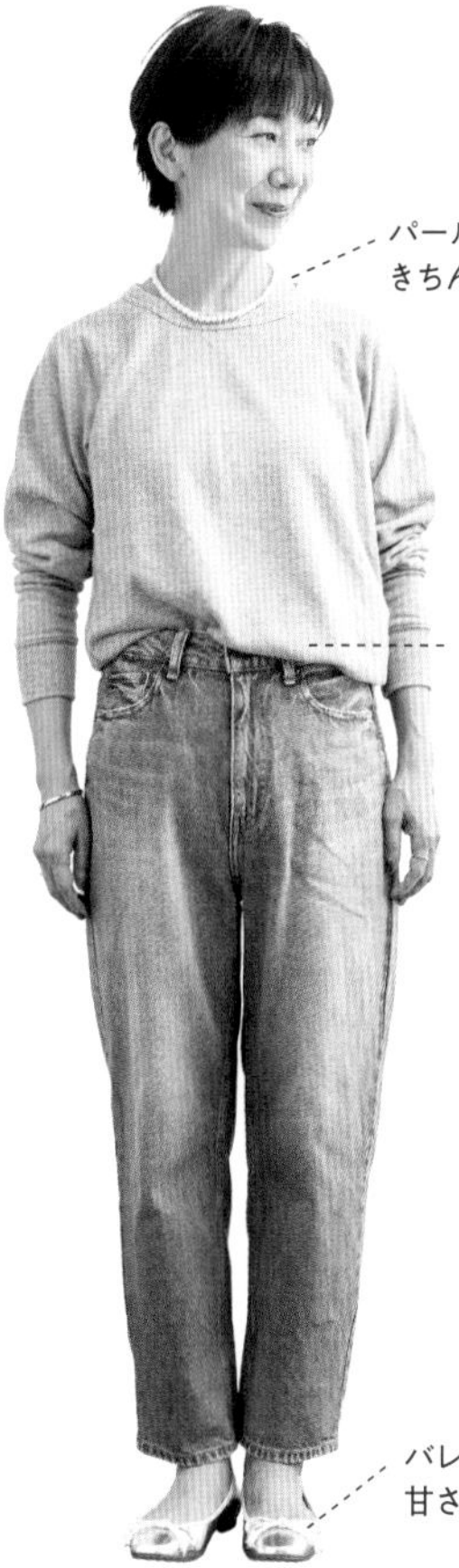
パールネックレスで
きちんと感
ウエストインで
コーデにメリハリ
バレエシューズで
甘さをプラス

ウエストをインしてパールネックレスとバレエシューズをプラスすれば、お出かけ仕様に。足の甲が出ると脚長に見える。

BEFORE

部屋着感が満載…

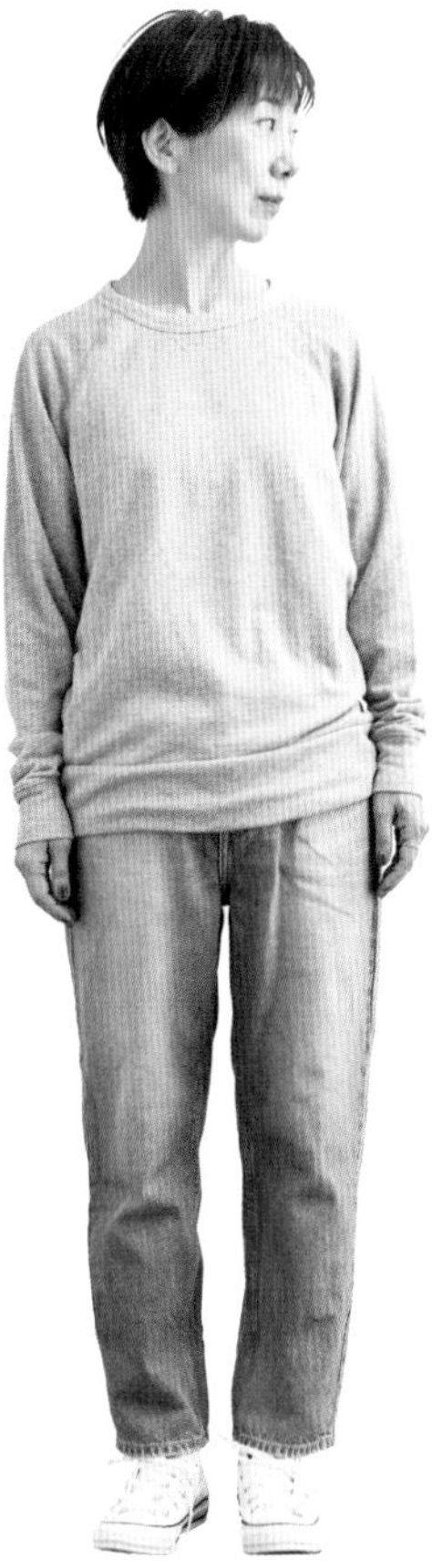

スウェットをバサッと着たそのままでは、部屋着感が満載。スニーカーを合わせるとさらにラフさが高まってしまう。

IDEA❻

シャツの袖は、「ラフにざっくり」がこなれ感を出すコツ

寒さが厳しい時期はなかなかできませんが、基本、長袖は袖をたくし上げたり、まくったりするのがマイルール。細い手首を見せたほうが女性らしく映るし、抜け感も出るのでコーデも軽やかになります。

カットソーやニットだったらくしゅくしゅとたくし上げればＯＫですが、少し難しいのがシャツです。シャツの場合はカフスボタンをはずして数回まくりますが、ここできっちり整えてしまうと、あか抜けません。あえて、無造作に折り返すほうがおしゃれに見えます。

まず、手首とひじの中間くらいに折り目がくるように、袖を折り返します。折り目になった部分をさらに小さく一折り。最後に袖口部分を少しくしゅっと遊ばせれば完成。きっちり折るのではなく、〝ラフにざっくり〟が、こなれ感を出すポイント。

シャツはシルエットがシャープなので、どこかにラフさをつくらないと、お仕事感が出てしまったり、堅苦しくなったりしてしまいます。なので、ラフにまくってリラックスモードを漂わせるのが大事。ちょっとのことですが、コーデの仕上がりがぜんぜん違ってきます。

袖口をくしゅっと遊ばせて無造作に！

HOW TO

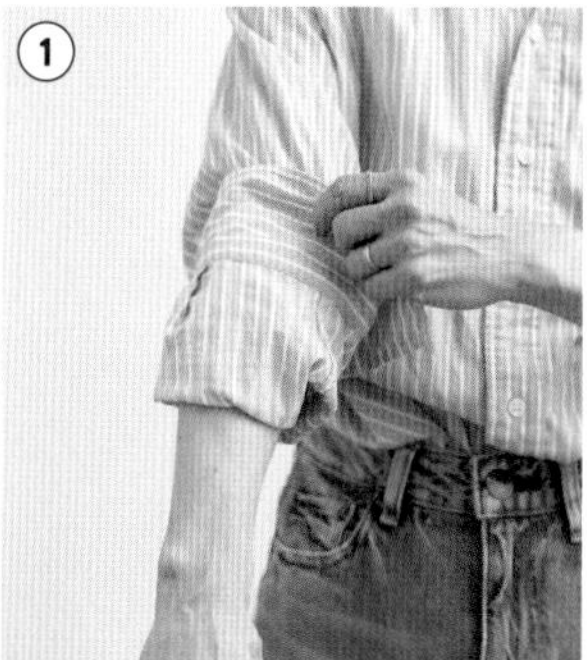

手首とひじの中間くらいに折り目がくるように、袖を大きく折り返す。

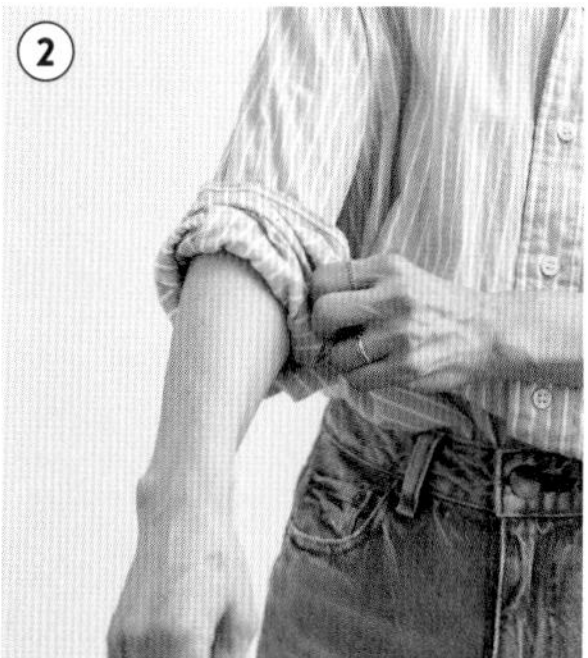

折り目になった部分を、カフス部分にかぶらないようにラフに一折り。

IDEA❼

ブラウスの腕まくりは輪ゴムを使うと簡単！

P160ではシャツの腕まくりをお伝えしましたが、ブラウスの場合はシャツのようにまくり上げると、袖口のふんわり感をつぶしてしまいます。それから左ページの写真のように、袖口にフリルなどのあしらいがあるブラウスも多いですよね。まくってしまうと、せっかくのフリルが隠れてしまいます。とはいえ、カットソーのようにくしゅくしゅとたくし上げるのも難しい……。

こういったときは、輪ゴムの出番。ヘアゴムでもOKですが、その場合は、もしちらっと見えてしまったときも悪目立ちしないように生地と同系色を選ぶのがおすすめです。

カフスと袖の切り替え部分に輪ゴムをつけ、少し袖口を肘のほうにゴムごと引き上げます。仕上げに輪ゴムを覆い隠すように、袖の生地を少したるませれば完成。

ただたくし上げるだけだと袖が落ちてきてしまいますが、輪ゴムのおかげでほどよい手首出しをキープ。袖がずり落ちてくるストレスもないので快適です。

輪ゴムのおかげで手首見せをキープできる！

HOW TO

カフスと袖の折り返し部分に輪ゴムをつけ、袖口を肘のほうに引っ張る。

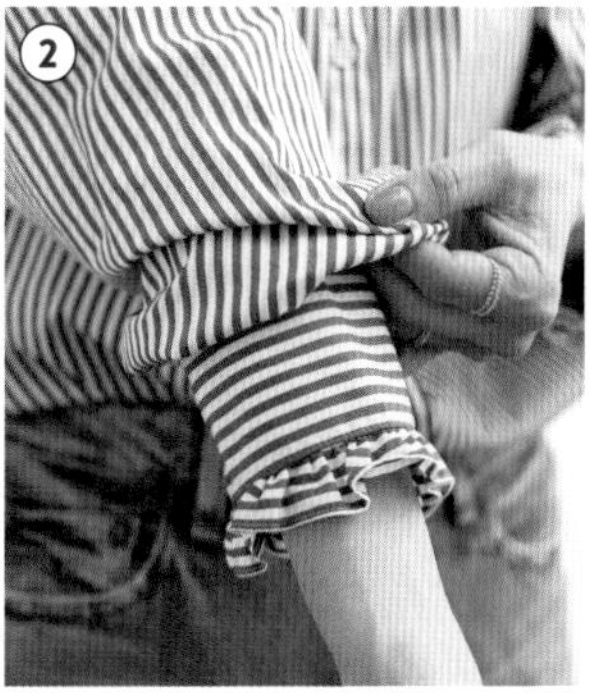

輪ゴムを覆い隠すように、袖の生地を少したるませて仕上げる。

IDEA 8

デニムの裾はセルフカットで自分好みにできる

パンツは丈の長さでもずいぶん印象が変わります。私が思うにフルレングスだとメンズライクさがあって、くるぶしが少し見えるか見えないかくらいの短めな丈だとレディライクな印象になる気がします。

デニムなども最初はフルレングスで履いていたけれど、なんとなくもう少し短くしたいなっていうことがあります。そのときは、ふつうのはさみでジョキジョキとセルフカットすることも。「裾がほつれないの?」「曲がらないの?」と思うかもしれませんが、どっちもあります。切ったあと洗濯をすると糸がホロホロと出てきますが、それがいい感じのほつれ感に。それから、私は寸法をきっちり測らず切ってしまうので少し曲がってしまうことも。でも、ほつれのおかげで多少の曲がりなら目立たないし、私は気になりません。

デザインによってはお直しに出してミシン仕上げをしますが、セルフカットのよさは思い立ったときにすぐできるし何よりお手軽! そして、パンツの丈は微差で印象が変わるので、お直しでもセルフカットでも私は納得いくまで調整します。

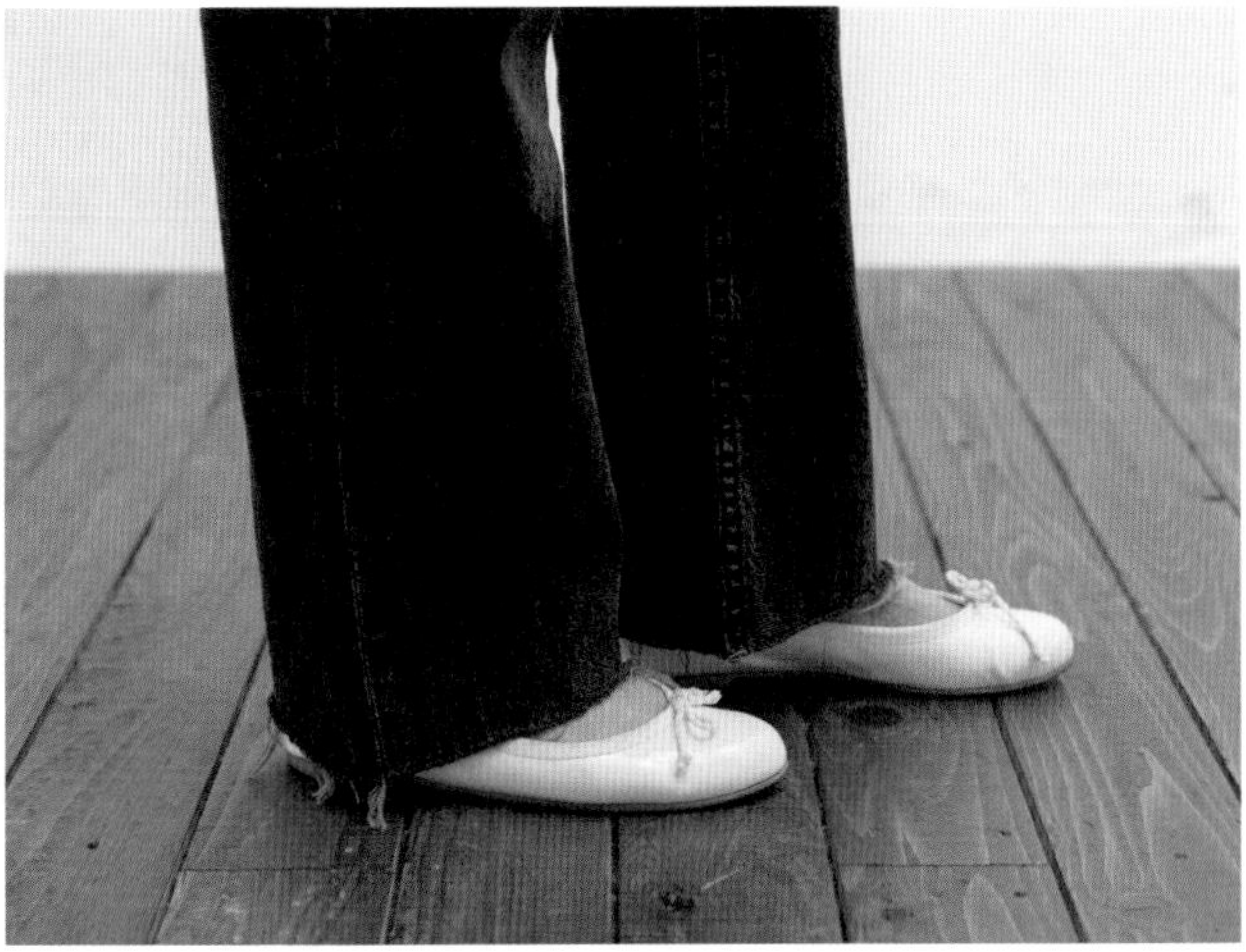

裾が長い メンズライクな印象

裾を引きずるくらいのフルレングスだと、ラフさも出てメンズライクな印象に。履いたときに裾に向かって重くなる落ち感も魅力。

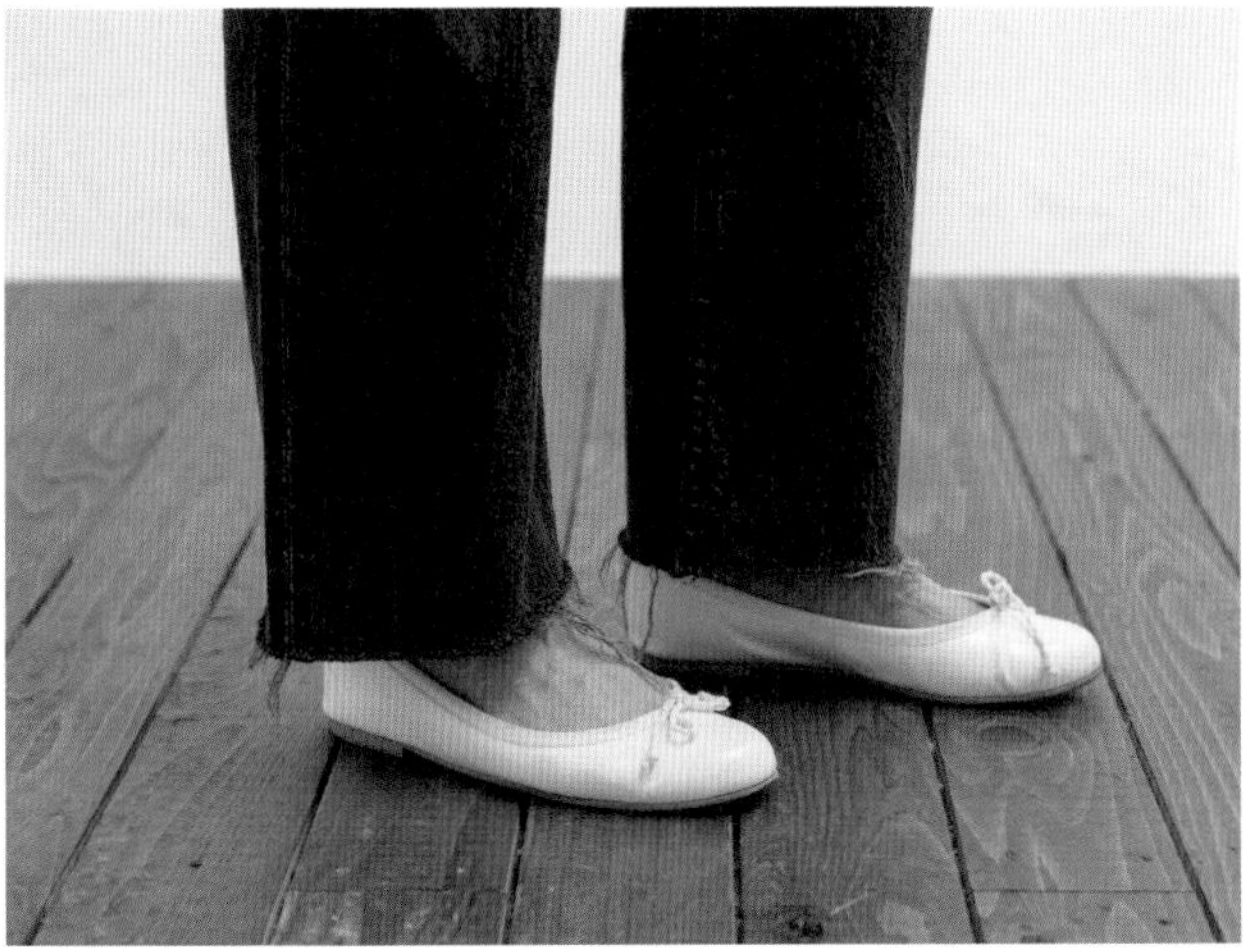

裾が短い レディライクな印象

くるぶしが見えるか見えないかくらいの短めの丈になると、レディライクな印象に。足元に軽さと抜け感が出る。

IDEA 9

袖口の肌見せでコーデのバランスを調整

少し大きめなサイズやメンズサイズの半袖Tシャツを着ることもよくありますが、袖が長いともたついた印象になったり、上半身が重い印象になってしまったりすることもあります。

そんなときは、袖口をくるくるとラフにロールアップ。長袖だけでなく、半袖の場合も袖口の「肌の見える量」を少し増やすとコーデに抜け感が出たり、バランスがよくなったりします。

ロールアップする以外に、はさみでチョキッとカットすることもあります。とくにサロペットは、合わせるTシャツの肌見せのバランスが大事。子どもっぽさもあるアイテムなので肌が隠れすぎてしまうと、少年っぽくなってしまいます。

とはいえノースリーブだと短すぎるし、でも半袖だと少し長い……。そこでほんの数センチ、はさみで切ってフレンチスリーブくらいの長さにすると、サロペットとのバランスがぐっとよくなりました。

切ったそのままでもほつれてこないし、私は切りっぱなしのラフな感じが好きです。

ROLL UP

2～3折り、ロールアップすればOK

大きめなTシャツのときは、2～3折りラフにロールアップ。肌の見える分量が少し増えるだけで、全体のバランスがよくなります。

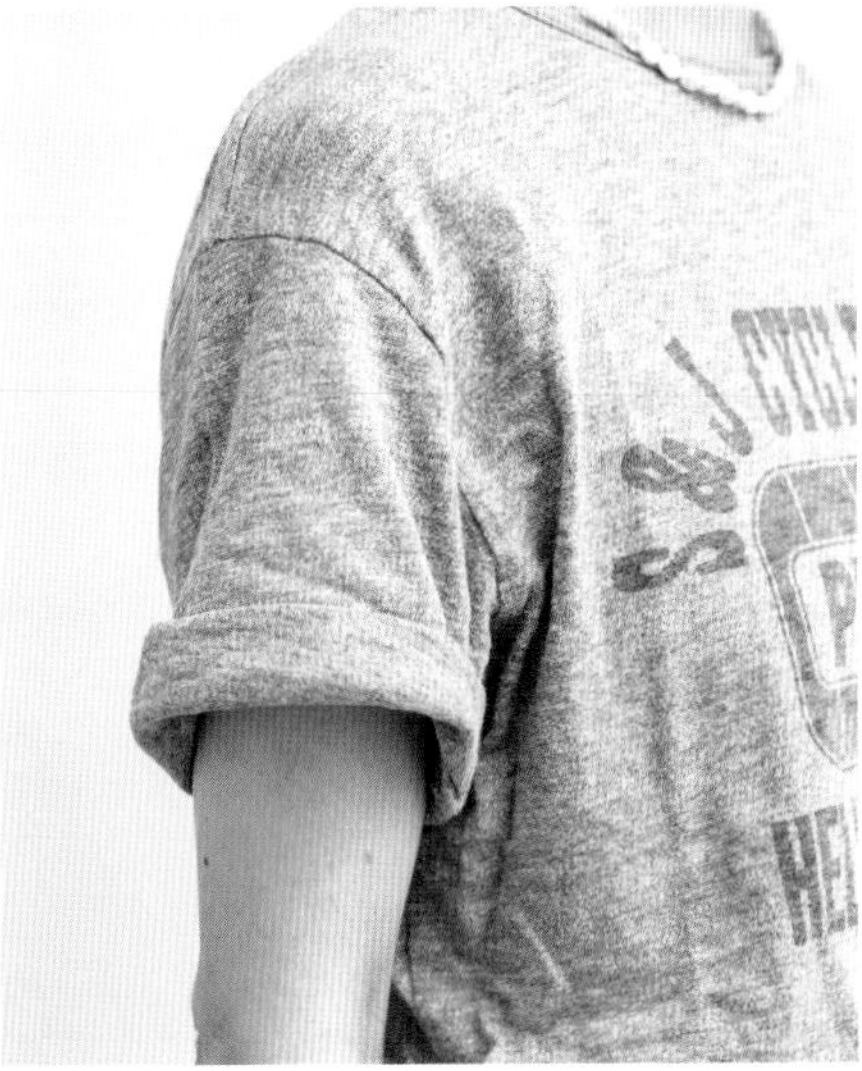

CUT

はさみでセルフカットすることも！

はさみでセルフカットすれば、簡単に好みの長さに調整できます。切りっぱなしのラフな感じもいい味に。

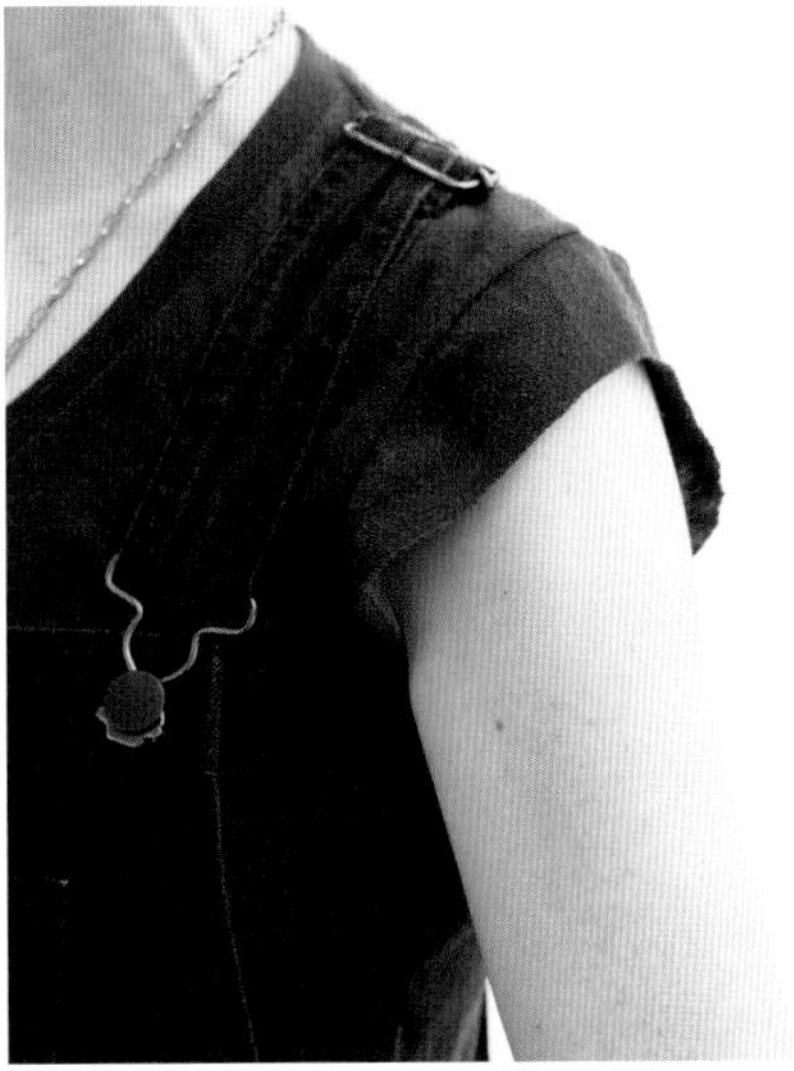

IDEA 10

鉄板のベースコーデを備えておけば困ったときも乗り切れる

どうしても、コーデを考える時間がない。コーデが思いつかない。なんだか何を着ても決まらない……。そういう日ってありますよね？私もあります。

私には、これに小物やアウターを合わせたりすれば〝なんとかなる〟という「鉄板」のベースのコーデがいくつかあります。

迷ったときは、そのコーデ頼み。特に頼りがいがあって、出番が多いのが黒のニット×黒パンツ。そこに、白Tシャツで襟元と裾に白を効かせたベーシックなモノトーンコーデです。

さっと赤いコートを羽織ってもいいし、デニムジャケットを合わせてもいい。黒のコートやベージュのコートを合わせることもあります。とにかく合わせるアウターも小物も選ばないので、何か羽織ったり、持ったりすれば〝なんとかなる〟。それに、アウターや小物が違えば雰囲気がガラッと変わるので、ベースは同じでも「いつも同じ服を着ている感」はありません。こういったベースをいくつかそろえておくと、迷ったときや困ったときに便利です。

ベースコーデ

上下を黒で合わせ、襟元と裾から白Tシャツをのぞかせた、鉄板のベースコーデ。どんなアウターとも好相性。

着用アイテムはP121と同じ

＋ 赤コート

真っ赤なコートをサッと合わせれば、冬に映える華やかなカジュアルコーデに。

着用アイテムはP137と同じ

＋ デニムジャケット

コンパクト丈のデニムジャケットとも難なく決まる。ボーイッシュなスタイルが完成。

デニムジャケット：Canaria Style

IDEA⓫

冬コーデのまんねりには襟元からのフリルが効く!

シンプルなニットをさらっと1枚で着るのも大好きなのですが、冬も半ばの頃になると、ニットコーデにちょっと変化がほしいと思うことがあります。そんなときに私が実践しているのが、フリルのブラウスとのレイヤード。私の偏愛アイテムのひとつ、フリルブラウスは1枚で着てももちろん楽しめますが、インに重ねるアイテムとしても大活躍。ニットの下に着て、襟元や袖口からフリルをのぞかせればいつものニットコーデがぐっと新鮮になります。

冬のコーデは肌を見せる部分が少ないので、春夏に比べて甘さも軽やかさも減りがちです。こんなふうにほんの少しフリルを加えると、甘さ度数もぐっと高くなるし、抜け感も出てコーデに奥行きも生まれます。

写真のブルーのストライプのブラウスは、グレーのニットはもちろん、黒や赤のニットとも好相性。また、白のフリルブラウスなどを重ねることもありますが、ブルーのストライプとはまた一味違った雰囲気になります。

BEFORE

ニットだけに飽きてきたら……

シンプルなニットは冬の定番ですが、シンプルだけに変化をつけたくなってくることも。

AFTER

フリルブラウスを重ねると甘さと鮮度がアップ

フリルブラウスを襟元と、袖口からのぞかせるとぐっと雰囲気が変わり新鮮。甘さも加わる。

着用アイテムはP41と同じ

IDEA⑫

コーデがまとまらないときは色のリンクをつくる

CHAPTER1〜3で紹介してきたコーデの中でも、数多く実践していたのが、「色のリンク」です。

たとえばトップスの色と、靴の色を同じにしたり、バッグと靴を同じ色にしたり……。コーデの中で、どこかの色と色をリンクさせると、不思議と着こなし全体に一体感が生まれ、しっくりとまとまります。

そして、色と色をリンクさせるときに私が意識していることがひとつあります。それは、同じトーンを選ぶこと。

一口にピンクといっても、ビビッドなピンクからペールトーンのような淡いピンクまでいろいろあります。鮮やかなブルーもあれば、淡い水色もあります。

トーンが大きく異なるとチグハグになってしまったり、ぼやけてしまったりして引き締まらないこともあるので、左ページのコーデのように、リンクさせる色のトーンをそろえることがおすすめです。

「なんだか、まとまらない」というときはぜひ、コーデの中に色のリンクをつくってみてください。

バッグと靴の色をそろえる

布バッグと、スニーカーはともにビビッドなピンクをセレクト。同じトーンのピンクにすることもポイント。
着用アイテムはP110と同じ

トップスと靴の色をそろえる

足元にはスウェットと同じブルーをチョイス。色をリンクさせることでコーデがまとまる。
着用アイテムはP73と同じ

バッグのロゴとスカートの色をそろえる

スカートの色と布バッグのロゴで色をリンクさせることも。水色がコーデのまとめ役に。

着用アイテムはP45と同じ

CONCLUSION
―おわりに―

私は、自由帳にドレスを着たお姫様をたくさん描いては友だちに見せ、「何色と何色が合うかな？」と、色の組み合わせを考えることが大好きな子どもでした。カラフルな色が好きなのは、この頃からかもしれません。中学、高校時代は雑誌『エムシーシスター』や『オリーブ』を見るのが楽しみでした。高校卒業後に上京すると、雑誌でしか見たことのないショップに行けることがうれしくて、給料の大半はファッションに消えていきました。

日々のコーデをのせるブログを始めたのは、おしゃれを楽しんでいた30代後半。その頃から、ただただ漠然と、「いつかスタイルブックのような本が出せたらな」と夢を抱いていたのですが、まさかそれが50代になって実現できるなんて驚きとうれしさでいっぱいです。

初めての撮影は緊張と不安でいっぱいでしたが、徐々に緊張もほぐれていきました。また、各方面のプロの仕事を間近で見られたことも思い出深いです。

改めてこの本を手に取ってくださった皆様、そして本書出版に携わっていただいた皆様に心より感謝申し上げます。ありがとうございました。

須藤理可

毎日たのしい
大人のカジュアルコーデ
見本帖

2023年10月1日 初版第1刷発行

著　　者　須藤理可（canaria）

発 行 人　山口康夫
発　　行　株式会社エムディエヌコーポレーション
〒101-0051　東京都千代田区神田神保町一丁目105番地
https://books.MdN.co.jp/
発　　売　株式会社インプレス
〒101-0051　東京都千代田区神田神保町一丁目105番地
印刷・製本　シナノ書籍印刷株式会社

Printed in Japan

【カスタマーセンター】

造本には万全を期しておりますが、万一、落丁・乱丁などがございましたら、送料小社負担にてお取り替えいたします。お手数ですが、カスタマーセンターまでご返送ください。

◎落丁・乱丁本などのご返送先
〒101-0051　東京都千代田区神田神保町一丁目105番地
株式会社エムディエヌコーポレーション カスタマーセンター
TEL:03-4334-2915

◎内容に関するお問い合わせ先
info@MdN.co.jp

◎書店・販売店のご注文受付
株式会社インプレス　受注センター
TEL:048-449-8040／FAX:048-449-8041

ISBN978-4-295-20552-4
C0077